KB245758

The Master
프리젠테이션
Presentation Guide
마스터하기

Jan Ruhe 著　　김영석 옮김

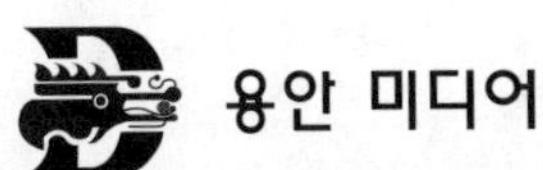

용안 미디어

판권본사
독점 계약

프리젠테이션 마스터하기

지은이 • 젠 루
옮긴이 • 김영석
감수자 • 김시중
펴낸이 • 김시중
1판 1쇄 인쇄일 • 2002년 4월 25일
1판 1쇄 발행일 • 2002년 5월 1일
1판 2쇄 발행일 • 2002년 9월 2일
펴낸곳 • 용안미디어
주소 • (135-081)서울시 강남구 역삼1동
        696-25 영성빌딩 3층
전화 • 569-5024(대)
팩스 • 569-5009
등록 • 1994년 2월 25일 제16-837호
가격 • 10,000원

* ISBN 89-86151-64-2
* 잘못된 책은 바꿔 드립니다.

이 책의 한국어판 번역권은 젠 루의 저작권 관리를 위임받은
업라인 출판사와의 독점 계약으로 용안미디어에 있습니다.
저작권법에 의해 한국 내에서 보호받는 저작물이므로 법에서 정한
이외의 무단 전재나 복제, 광전자 매체의 수록을 금합니다.

The Master
프리젠테이션
마스터하기

Presentation Guide

용안 미디어

옮긴이 · 김 영 석

- 인하대학교 기계공학과 졸업
- 제일제당 근무
- BYU-Hawaii대학 인력개발학과 졸업
- Eastern Michigan 대학원 수학(조직행동과 관리)
- 스리랑카 심스 뮤직 지사장
- 한국 네트워킹 대표

소 개

내가 만난 많은 사람들이 연사가 되기를 원하고 있다. 그들은 의욕은 있지만 다이내믹한 강연을 하는 방법을 모르고 있는 것이다. 이 책에서 당신은 매우 훌륭한 강연을 할 수 있는 방법을 알게 될 것이다. 강연의 전문가가 된다는 것은 많은 준비와 연습이 필요하다. 나는 살아오면서, 세미나를 들으면서, 사람들이 강연을 하는 것을 주의 깊게 봤으며 그들로부터 열심히 배웠다. 강연을 듣고 열정에 가득 차 강연장을 떠나는 경우와 그 반대로 다른 사람들에게 말하고 싶지 않을 정도로 실망하며 떠나는 것을 보았다. 이 지침서에서 재미있고, 최고의, 그리고 열광적인 강연 기술을 배우게 될 것이다.

20%의 세일즈맨이 전체의 80%에 달하는 판매를 한다는 사실은 놀라운 것이다. 톱 세일즈맨은 평균 판매원의 16배가 넘는 실적을 올리고 있다. 그 답은 그들이 고객에게 어떻게 자신을 표현하는가에 달려 있다. 뛰어난 설명 기법을 구사함과 동시에 그들이 주문하도록 만드는 방법을 알고 있다. 이런 점이 평범한 세일즈맨과 탑 세일즈맨을 구별하는 것이다.

평범한 세일즈맨은 많은 사람들을 만나고, 많은 시간을 들여 자신이 판매하는 제품과 서비스, 그리고 사업 기회에 대해 설명하지만 그들은 선두를 달리는 세일즈맨과 비교될 수 없는 것이다. 이유는 그들의 설명이 보잘것 없거나 평범하기 때문이다. 아쉬운 점은 그들이 자신을 표현하는 방법을 개선하려는 노력을 하지 않는다는 것이다. 정상에 오른 사람들은 자신을 완벽히 표현할 수 있는 능력이 성공의 중요한 열쇠가 된다는 것을 알고 있다. 이 책은 당신의 표현과 발표능력을 완성하도록 도와준다. 이 책은 훌륭한 연사, 강사가 되기 위해 매일 사용할 수 있다. 이 책의 내용을 활용함으로써 당신의 생각 이상으로 사람들에게 영향력을 행사할 수 있다.

상대방과 청중들이 듣기를 원하는 것과 알고자 하는 지식이 무엇인지에 주의를 기울여야 한다. 청중의 요구에 보다 민감해야 한다. 나는 오랫동안 이 책의 내용들을 사용해 왔다. 그동안 놀라운 결과를 가져온 강연을 시작하는 방법, 최상의 교안, 최상의 강연과 세미나 요령 등을 기술하고 있다. 20년이 넘도록 수천 명에게 사용해온 중요한 것들을 모은 것이다. 이 책의 내용들은 더 나은 아이디어를 제공해줄 것이며, 다이내믹하고, 열정적이며, 현혹적인 강연, 설명, 세미나를 하도록 해줄 것이다.

수 년 동안 나는 이 정보를 모아왔으며, 많은 독서와 테이프, 그리고 많은 비용을 들여 세미나에 참석해 얻은 정보들이다. 최상의 사람들로부터 배우고, 보고, 연구한 결과이다. 나는 정말로 강연의 전문가가 되고 싶었다. 나는 기꺼이 연습했고, 훈련과 반복을 거듭했고, 리허설과 다른 사람들을 가르치면서 습득했다. 이런 책은 찾아보기 힘들 것이다. 나는 정말로 이런 안내서를 원했고 이제 여러분 앞에 놓인 것이다.

침묵이 흐르는 강의실에서
모든 사람이 당신을
주시하고 있다.
당신은 어떤 말을 할 것인가?

목 차

프리젠테이션 마치기 215

프리젠테이션이 끝난 후 227

그들은 당신의 가치를 믿기 때문에 참석한다

You Are The Ticket!

프리젠테이션 마스터를 위한 백만 달러짜리 아이디어

Chapter 1

그들은 당신의 가치를
믿기 때문에 참석한다

"당신의 존재보다는 당신을 표현하는 방법이 중요하다."

- 밥 웹

당신이 영화, 운동경기, 비행기, 기차, 연극, 세미나 티켓을 구입할 때, 기대하는 것은 무엇인가? 당신의 일생에 변화를 가져올 강연을 기대하는 것이다. 교회, 성당, 회당을 지으면서 염두에 두는 것은 무엇인가? 이런 것을 이해할 때, 당신을 표현하면서 성공을 거두게 된다. 당신이 원하는 것이 아닌, 청중과 상대가 기대하는 것을 찾아 채워줄 때, 그들은 다시 당신을 찾게 될 것이다.

콘서트 티켓:

당신이 가장 좋아하는 보컬 그룹이 마을에 왔다면 가장 좋은 좌석표를 구입하려고 할 것이다. 지난 공연에는 한 시간 만에 티켓이 매진되었다. 그래서 당신과 친구는 일찍 티켓 판매소에 왔다.

✝ 생각해 보라: 당신은 무엇을 기대하는가?

다음의 스타가 온다면:

바바라 스트라이젠드.	*당신은 무엇을 기대하는가?*
셀린 디온.	*당신은 무엇을 기대하는가?*
엘튼 존.	*당신은 무엇을 기대하는가?*
마돈나.	*당신은 무엇을 기대하는가?*
롤링 스톤즈.	*당신은 무엇을 기대하는가?*

당신이 큰 기대를 하는 것은 말할 필요가 없다. 당신의 기대가 채워지기를 원할 것이다. 그렇지 않았다면 다시는 어떤 공연에도 가지 않겠는가? 이번에는 기대에 못 미치지만 다음에는 두 배의 기대를 가져올 콘서트를 기대할 것이다. 콘서트는 당신의 마음에 감동을 준다. 그렇게 되면 당신은 열심히 참석하게 되며 새로운 기분을 갖게 될 것이다. 음향은 놀라운 경지에 달했다. 모든 것이 당신을 위해 준비되었다. 정시에 시작하고, 그들은 청중이 무엇을 원하는지 잘 알고 있다. 그들은 대만족이다. 콘서트 사업은 번창하고 있다. 성공을 거두고 있다!

영화 티켓:

영화 구경을 간다. 선택의 폭은 넓다. 줄을 서서 티켓을 산다.

† 생각해 보라: 당신은 무엇을 기대하는가?

미성년 영화.	*당신은 무엇을 기대하는가?*
화제작 영화.	*당신은 무엇을 기대하는가?*
해피 엔딩 영화.	*당신은 무엇을 기대하는가?*
액션 영화.	*당신은 무엇을 기대하는가?*
슬픈 영화.	*당신은 무엇을 기대하는가?*

당신은 기대하고 있다. 당신의 기대가 채워지기를 원하지 않는가? 그렇지 않다면 어떻게 할 것인가? 다시는 영화를 보러 가지 않겠는가? 이번에는 기대에 못 미치지만 다음에는 두 배의 기대를 가져올 영화를 기대할 것이다. 영화는 당신의 마음을 움직인다. 콘

서트는 당신의 마음에 감동을 준다. 그렇게 되면 당신은 열심히 참석하게 되며 새로운 기분을 갖게 될 것이다. 음향은 놀라운 경지에 달했다. 모든 것이 당신을 위해 준비되었다. 정시에 시작하고, 그들은 청중이 무엇을 원하는지 잘 알고 있다. 그들은 대만족이다. 영화 사업은 번창하고 있다. 성공을 거두고 있다!

스포츠 게임 티켓:

스포츠 게임을 보기 위해 스타디움에 간다. 당신의 팀이 이길 것을 기대하며 줄을 서 티켓을 산다.

† 생각해 보라: 당신은 무엇을 기대하는가?

스포츠 게임 관람:

농구 게임.	당신은 무엇을 기대하는가?
권투 시합.	당신은 무엇을 기대하는가?
풋볼 게임.	당신은 무엇을 기대하는가?
골프 토너먼트.	당신은 무엇을 기대하는가?
하키 게임.	당신은 무엇을 기대하는가?
럭비 게임.	당신은 무엇을 기대하는가?
축구 게임.	당신은 무엇을 기대하는가?
경마.	당신은 무엇을 기대하는가?
올림픽.	당신은 무엇을 기대하는가?

당신은 기대하고 있다. 당신의 기대가 채워지기를 원하지 않는가? 그렇지 않다면 어떻게 할 것인가? 다시는 운동 경기를 보러가지 않겠는가? 이번에는 기대에 못 미치지만 내가 응원한 팀이 이번에는 잘하지 못 했지만 다음에는 잘 할 수 있으리라는 기대를 갖고 다시 운동경기를 보게 된다. 운동은 당신의 기분을 전환해주고 감동을 줄 수 있다. 그렇게 되면 당신은 열심히 참석하게 되며, 새로운 기분을 갖게 될 것이다. 모든 것이 당신을 위해 준비되었다. 정시에 시작하고, 그들은 청중이 무엇을 원하는지 잘 알고 있다. 그

들은 대만족이다. 스포츠 사업은 번창하고 있다. 성공을 거두고 있다!

세미나 티켓:

정장을 하고 세미나에 참석한다. 펜에 잉크를 채우고 다이어리를 준비한다. 당신의 생활을 영원히 변화시킬 수 있는 내용을 전달해줄 사람으로부터 강의를 들으려고 한다. 당신의 사업에서 정상에 오른 사람이 주관하는 개인 개발 프로그램에 참여하고 있다.

† 생각해 보라: 당신은 무엇을 기대하는가?

다음의 세미나에 참석한다:

젠 루.	*당신은 무엇을 기대하는가?*
톰 홉킨스.	*당신은 무엇을 기대하는가?*
지그 지글러.	*당신은 무엇을 기대하는가?*
짐 론.	*당신은 무엇을 기대하는가?*

당신은 큰 기대감을 갖고 있다. 당신의 기대가 채워지기를 원하지 않는가? 그렇지 않다면 어떻게 할 것인가? 다시는 세미나에 참석하지 않겠는가? 좋은 세미나를 기대하며 계속 세미나에 참석하게 된다. 세미나가 당신에게 발전을 가져오고 감동을 줄 수 있다. 그렇게 되면 당신은 열심히 참석하게 되며, 새로운 자세를 갖추게 될 것이다. 모든 것이 당신을 위해 준비되었다. 정시에 시작하고, 그들은 참석자들이 무엇을 원하는지 잘 알고 있다. 참석자들은 크게 만족한다. 세미나 사업은 번창하고 있다. 성공을 거두고 있다!

사람들은 당신을 보기 위해 참석한다. 당신의 메시지, 풍기는 인상, 외모, 세미나를 진행하는 모든 것이 당신의 가치이다. 참석자들이, 청중들이 기대하는 것을 전할 수 있어야 한다.

그들은 당신의 가치를 믿기 때문에 참석한다.

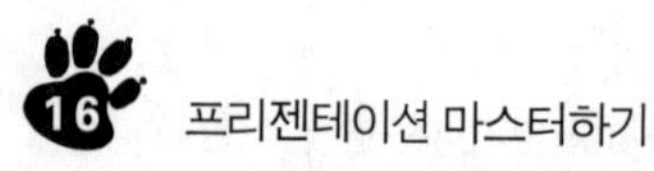

그들이 계속 참석하기를 원하는가?
그들이 기대하는 것이 무엇인지 정확히 알아야 한다.
그것은 쉬운 일이 아닌가?

작은 시내가 모여 지형을 바꿔놓을 강으로 변하듯이,
다른 사람의 마음을 움직이는 사람은 역사의 코스를
변경시킬 수 있다.
- 젠 루

Chapter 2

프리젠테이션에 앞서
Prior to the Presentation

프리젠테이션 마스터를 위한 백만 달러짜리 아이디어

Chapter 2

프리젠테이션에 앞서

"상상도 못한 것에 대해 생각해보라."

-알마 거크

프리젠테이션에 참석하러 갈 때:

일찍 도착하라. 늦지 말라:

- 주차할 곳을 찾느라 15분 정도 낭비할 것을 고려하라.
- 입장하느라 줄 서 있는데 10분 정도 걸릴 것을 고려하라.
- 이름표를 만들어 다는데 걸릴 2분을 고려하라.
- 프리젠테이션 시작 30분 전에 가서 참석하라.

일찍 도착해서 입장하고 이름표를 달고 주최자를 만난 후 연사와 인사를 나누라. 그런 다음 참석한 다른 사람들의 이름표를 주의해서 보라. 사람들과 교류하라. 새로운 사람들을 만날수록 당신은 점점 더 부유해지는 셈이 된다. 보통 사람들이 그렇듯 옷이나 머리 모양, 보석 등으로 그 사람들을 판단하지 말고 그들의 이름에 주목하라. 사람들에 대해 잘 알게 되기 전에 미리 판단하지 말라.

프리젠테이션에 일찍 도착하면 사람들과 교류할 수 있는 소중한 시간을 얻게 된다. 자

기 자신을 속이지 말라. 프리젠테이션 장소에서 알게 된 인연이 미래에 엄청난 사업 기회가 될 수도 있다. 일찍 프리젠테이션 장소에 도착하면 입장하는 곳에 대기하고 있는 사람들을 만나서 이야기를 나눌 수 있다. 이 사람들은 누가 연설을 할 것이며 누가 중요한 위치에 있는 이들인지 알고 있기 때문에, 당신이 알아두면 좋은 사람들이다. 프리젠테이션 시간이 지나서 모든 사람들이 도착하기 전까지 입구에 대기하는 사람들과 이야기를 나누며 그 장소에 익숙해지는데 몇 분이 걸릴 것이다. 일찍 도착해서 행사 진행을 돕겠다고 나서면 행사를 진행하는 사람들에 대해 알게 되고 프리젠테이션에 대해 많은 것을 관찰하고 배울 수 있게 된다. 프리젠테이션은 보통 준비 없이 이루어지는 것이 아니다. 보이지 않는 많은 준비과정이 있다. 당신이 참석하는 모든 행사는 수십만 달러의 가치가 있는 사업 기회가 가득한 곳이며, 이것은 제 시간에 참석하는 사람들을 위한 것이다.

발표자를 만나라:

발표자를 만나려면 일찍 가든지 늦게까지 남아 있어야 한다. 당신은 어떤 지식을 습득하기 위해 행사에 간다. 발표자는 당신에게 필요한 지식을 가지고 있다. 발표자에게 가서 준비해 온 질문들을 하라. 정보를 얻을 수 있는 질문들을 하라. 당신은 다른 참석자들보다 더 많은 정보를 습득하고 그 행사장을 떠나게 될 것이다.

프리젠테이션 전- 준비되어 있어라:
- 현장에서 일어나는 준비 작업을 체크하거나 거기에 익숙해지려면 일찍 도착하라.
- 모든 배부 인쇄물을 받아놓아라.
- 간단한 스트레칭을 하라.
- 장비를 시험해보라.
- 행사 개최자와 인사를 나누고, 청중 중 중요 인물에 대해 질문하라.

행사에 들어갈 때, 무엇을 할 것인가:
입장하고 바로 다른 참석자들과 악수를 나눠라. 모르는 사람들을 행사에서 만나는 것은 새로운 사업 기회의 가능성을 의미한다. 보통 사람들은 아는 사람들을 찾을 것이다.

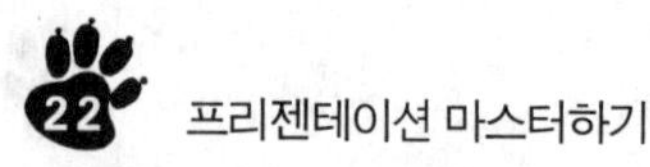

그들은 서로에게 듣기 좋은 인사말을 나누고 그들이 알고 있는 것에 대해 대화를 나눌 것이다. 이것은 시간을 낭비하는 일이다. 아는 사람들은 전화로 연락을 주고받고, 행사 장에서는 새로운 사람들을 만나라. 그 다음 단계로는, 당신이 방금 만난 사람을 행사장 에서 처음 만난 또 다른 사람에게 소개하라. 실제로 행사가 시작할 때까지 이 과정을 반 복하라!

네트워킹이란?:

　네트워킹이란 아이디어, 정보 등을 교환하는 행위를 말한다. 누군가에게 물건을 판매 하려고 노력하기 위해서가 아니라 정보를 습득하고 새로운 관계를 구축하기 위해 행사 에 참석해야 한다. 네트워킹은 관계를 견고히 한다. 네트워킹이란 판매가 아니라 사람들 을 만나는 것이다. 당신은 행사장에서 중요한 정보들을 공유할 시간이 없다. 그저 다른 사람들에 대해, 그리고 그들이 무엇을 하는지에 대한 정보만을 습득하라. 당신이 네트워 킹에 능숙해졌을 때 직함 같은 것은 필요 없게 된다. 모든 사람들이 동료처럼 보이기 때 문이다. 모든 사람들을 평등한 사람들로, 사업 동반자로, 또는 매우 중요한 사람으로 대 우하라.

프리젠테이션에서 해볼 질문들:

- 주차 공간을 찾는 것이 어려웠는가?
- 이 전에도 이러한 행사에 참석한 적이 있는가?
- 이 행사에 대해 알게 된 경위는?
- 당신의 회사는 사업을 얼마나 오랫동안 운영해 왔는가?
- 당신의 회사에서 종사한 지는 얼마나 되었는가?
- 당신이 속한 조직에서 얼마나 많은 사람들이 일하고 있는가?
- 당신 회사의 업종은?
- 발표자에 대해 무엇을 알고 있는가?
- 회사에서 당신의 직함은 무엇인가?
- 당신의 목표시장은?

프리젠테이션에 참석할 때, 어디에 앉을 것인가:

- 친구 옆에 앉는다면 많은 기회를 놓치게 되는 것이나 마찬가지이다. 친구와 앉아 있으면 다른 사람들은 거기 끼어드는 것을 어렵게 느껴 접근하지 않을 것이다.
- 향후 5년 간 갖게 되는 모든 사업 기회 중 절반은 당신이 아직 만나지 않은 사람들로부터 온다.
- 당신이 이미 알고 있는 사람들과 앉는 것은 비경제적이다.
- 많은 사람들이 친구와 행사장에 와 같이 돌아다닌다. 그들은 같이 걷고, 웃으며, 같이 앉고, 자리에서 같이 일어나며, 사업도 같이 파산하게 될 것이다. 이들은 서로 다른 사람들을 만나는 것을 방해하며 새로운 정보도 얻지 않을뿐더러, 다른 사람들과 교류하지도 않기 때문이다. 이것은 아주 어리석은 행동이며, 미래의 엄청난 사업 기회를 잃는 것이나 마찬가지이다.
- 빈 테이블에 앉지 말라. 다른 사람들이 테이블을 고를 때까지 기다린 후, 그들에게 다가가 "여기 자리 있습니까?"라고 물어보라.
- 당신 사무실에서 온 사람 옆에 앉지 말라.
- 행사장에서 만난 사람의 자긍심을 높여줘라. 당신의 자긍심도 높아질 것이다.
- 당신이 알지 못하는 사람들에게 다가가라.
- 당신이 모르는 두 사람 사이에 앉아라.
- 처음 보는 사람 옆에 앉아라:
  행사장에서 만난 낯선 사람은 무한한 사업 기회를 제공할 수 있다.
  단지 편하기를 원하는가, 아니면 새로운 만남을 원하는가?
- 누군가의 옆에 있는 빈 의자에 앉아라. 당신과 당신의 꿈 사이에 어떤 공백도 허락하지 말라. 빈 의자 옆에 앉는 것은 가치 없는 일이다. 의자는 당신이 묻는 질문에 대답해주지도 않고, 명함을 건네주지도 않고, 구매하지도 않는다.
- 다른 사람들은 당신으로부터 뭔가를 사는 것이 아니다. 그들 또한 당신에게 판매하지 않는다. 명함을 받을 필요는 없다.

행사에 지각하는 경우:

행사에 지각하는 것은 프로답지 못한 모습이다. 사람들이 행사가 시작하기 직전에 헐

레벌떡 들어오는 사람을 보게 된다면 그 사람이 누구이고, 그 사람이 종사하는 사업체의 특성이나 당신의 지각 버릇에 대해 이야기할 것이다. 행사에 지각한다는 것은 당신이 그에 대해 중요하게 생각하지 않으며 관심도 없다는 것을 보여주는 것과 같다. 행사에 지각하는 사람들이 발표자가 되지 않겠느냐고 제안 받는 경우는 거의 없다. 당신이 무슨 변명을 하든 프로페셔널한 사람들은 당신의 변명을 믿지 않을 것이고, 당신이 앞으로도 시간을 지키지 않으리라 생각할 것이다.

만약 다음 행사에는 일찍 도착하는 조건으로 5만 달러를 받게 된다면 다음에는 한 시간 일찍 도착하겠는가? 아마 그럴 것이다. 당신은 그 시간에 늦지 않기 위해 전날 밤을 샐지도 모른다.

행사장에 도착했을 때, 여기저기 사람들이 서 있다면 당신은 늦은 것이다. 창피하게 생각하라! 프로들은 행사장에 둘씩 들어간다. 일찍 도착할 경우, 훌륭한 사람을 알게 되어 함께 입장하기 때문이다. 일찍 도착하라. 앞서가는 사람들은 이것을 알고 있다!

다음과 같이 말하는 법을 배워라: "명함을 받을 수 있겠습니까? 당신이 알고 싶어 할만한 사람들을 알고 있습니다. 그리고 당신 또한 제가 알고 싶어 할 사람들을 알고 계실 것입니다. 내일 전화를 드릴테니 언제 만나서 서로가 새로운 사업을 구축하도록 돕는 것이 어떻겠습니까? 만나서 반가웠습니다." 새로 만난 사람과 5분 이상 같이 있지 말라. 부드러운 태도를 취하고 5분이 지나면 반드시 그 자리를 떠나라.

행사장에서 피해야 할 질문들:

- 가족들은 어떻습니까?
- 골프는 요즘 잘 치십니까?
- 휴가 때 어디 가셨습니까?

결과에 대해 알아두라:

다음은 당신의 프리젠테이션이 끝난 후, 사람들로부터 듣고 싶은 이야기들일 것이다.

• 대단합니다! 어려운 문제를 쉽게 설명하셨습니다.

• 훌륭합니다!

• 멋집니다. 모두들 이 프리젠테이션에 대해 칭찬하더군요.

• 이 프리젠테이션 덕분에 행사가 성공적이었습니다.

• 제가 들은 프리젠테이션 중 가장 흥미로웠습니다!

• 감사합니다!

• 굉장합니다!

• 내용 뿐 아니라 프리젠테이션 방식도 훌륭했습니다!

• 이렇게 훌륭한 프리젠테이션을 보기는 오랜만입니다!

• 주제를 아주 잘 다루셨습니다!

• 많은 정보를 습득할 수 있었습니다!

존 웨슬리의 생각:

당신이 할 수 있는 어느 때나,

할 수 있는 모든 좋은 일을 행하라.

당신이 사용할 수 있는 모든 방법으로,

모든 수단을 사용해,

당신이 행할 수 있는 모든 장소에서,

가능한 한, 많은 사람에게,

당신이 할 수 있는 순간까지.

국립 연설자 협회의 창설자이자, 1949 공공 연설 부문에서 토스트 마스터즈 인터네셔널 월드 챔피언십을 따낸 카벳 로버트는 다음과 같이 말하곤 했다. "80%의 사람들이 당신의 문제에 대해 신경 쓰지 않을뿐더러, 나머지 20%는 당신이 그런 문제를 겪을만하다고 생각한다!"

다섯 가지 질문을 짚고 넘어가라:

누구?	발표자 – 트레이너 혹은 트레이닝 받는 사람들을 도와주는 사람들
	참석자 – 프리젠테이션을 보게 될 모든 사람들
	그 밖의 사람들 – 프리젠테이션에 영향을 줄 사람들
무엇?	프리젠테이션에서 다룰 주제를 말한다. 청중들이 프리젠테이션에서 듣고자 하는 것은 무엇인가? 프리젠테이션 동안 쓸 수 있는 자료는?
왜?	프리젠테이션의 결과, 영향은 무엇인가? 적절한 프리젠테이션의 목표가 정해져 있는가?
어디?	프리젠테이션 장소를 말한다.
언제?	날짜와 시간. 할당된 시간 내에 정한다.

리사 콤: "프리젠테이션에 앞서 발표자들의 발표 순서에 대해 신중히 생각해보라. 심각하고 직설적인 발표자는 아침 일찍 발표하는 것이 좋다. 생동감 넘치는 발표자는 청중들의 분위기를 다음 발표자가 발표할 때까지 활발하게 만들기 위해 점심식사 이후에 발표하는 것이 좋다. 발표자들의 성격과 프리젠테이션 스타일에 대해 알아놓음으로써 청중들에게 최대한의 이익을 줄 수 있는 프리젠테이션을 구성할 수 있다."

캐씨 롤랜드 스미스: "당신이 발표할 준비가 되었을 때는 프리젠테이션에 알맞은 얼굴표정을 지어라! 당신이 발표하고자 하는 내용에 대해 열정적이고 흥미 있는 듯한 표정을 지으면 당신이 전하고자 하는 메시지가 다른 사람들에게 잘 전달될 것이다!"

당신이라면 당신에게서 구매를 하겠는가?

프리젠테이션 전에 당신 자신을 테스트해보라.

그리스의 철학자 플라톤은 다음과 같이 썼다. "시험해보지 않은 삶은 살 가치가 없다." 당신의 프리젠테이션이 얼마나 효과적인지 평가하는 가장 좋은 방법 중 하나는 다음과 같은 질문을 하는 것이다. "만약 당신이 고객이라면, 프리젠테이션이 끝난 후, 구매를 하겠는가?"

만약 다음의 평가항목들에서 점수가 잘 나온다면 구매를 할 것이다:

(각각의 질문에 '네' 또는 '아니오'로 대답하라.)

- 고객들에 대한 지난 경험에 비춰, 고객의 입장에서 봤을 때, 당신이 믿을만한가?
- 당신 회사의 대부분의 고객들이 당신을 사업 동료로서 뿐만 아니라 친구로서 생각한다고 솔직히 말할 수 있는가?
- 고객들이 제품과 사업 정보에 관한 당신의 정보를 믿을만하다고 여기는가?
- 당신 고객들의 의견을 꼼꼼히 살펴보는가?
- 당신과의 사업이 고객들에게 긍정적인 영향을 끼쳤는가?
- 고객들이 제기하는 어려움이나 문제들을 해결하는 데 효과적으로 도움을 주어왔는가?
- 당신의 이미지가 정직하고 진실한가?

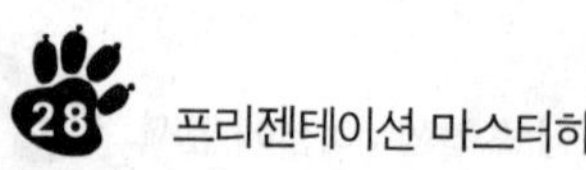

- 사업 관계를 제쳐두고, 당신의 고객들이 당신이 개인적으로 풍요로운 사람이라고 생각하는가?
- 언제든지 당신은 고객들의 불평을 고객들이 만족하는 그 순간까지 들어주고 해결해 주는가?
- 당신의 경쟁자가 고객들에게 약간 낮은 가격을 제시하더라도 대부분의 고객들이 당신과 계속 거래하겠는가?

'네' 라고 대답한 수는 ─────────────

점수: '네' 라고 대답한 수에 5를 곱하라. 50점 이상의 점수를 얻었다면 당신과 사업하는 것은 매우 훌륭하다는 뜻이다. 45는 평균보다 높은 점수다. 35에서 40점 사이라면 프리젠테이션과 판매 기술을 더 많이 개선할 필요가 있다는 말이다.

Chapter 3

프리젠테이션 준비
Preparing the Presentation

프리젠테이션 마스터를 위한 백만 달러짜리 아이디어

Chapter 3

프리젠테이션 준비

"설명회를 즐겨라. 그리고 개인적인 얘기는 빼라."

-젠 루

성공하는 프리젠터의 태도:

설명회의 성공 여부는 당신의 태도에 달려있다. 당신이 설명회장에 들어선 순간부터 집으로 돌아가는 순간까지 긍정적인 정신 상태를 유지하라. 사람들은 그들의 주의를 사로잡는 설명회를 좋아한다. 만약 부정적이거나 회의적인 모습을 보인다면 당신은 긍정적이고 강력한 결과를 얻을 수 없을 것이다. 설명회를 시작하기 전에 먼저 스스로에게 다음과 같이 되뇌어라. "나는 행복하다. 나는 건강하며 오늘의 설명회는 내 생애 최고의 것이 될 것이다!"

연설자의 약속

- 나는 예상된 그리고 예상 밖의 수입원에서 들어오는 엄청난 양의 돈을 벌어 들일 준비가 되어 있으며, 그럴 자격이 있다.
- 나는 내가 필요로 하는 것과 원하는 모든 것을 얻을 자격이 있다. 나의 이 모든 소망은 나 자신과 나와 관계있는 모든 이들에게 바람직한 것이다.
- 연설자로서의 나의 커리어에 슬럼프는 없다.
- 내 직업은 이 세상의 무한한 부를 내 개인 재산으로 만들 수 있는 연결통로 이다.
- 슬럼프는 끝났으며, 나는 이제 새롭고 흥미진진한 상승세를 타고 있다.

긍정적인 태도를 유지하라:

1. 연설자로서 당신은 약간 대담할 필요가 있다. 당신은 달라져야 한다. 당신은 메신저 이므로 권위 있게 말하고 경험과 지혜에서 우러나오는 얘기를 하라. 설명회에서는 대담하라. 조금은 튀는 것도 좋다.

2. 당신이 판매하는 제품에 믿음을 갖고 그 제품들이 다른 이들에게 도움이 될 것임을 믿는 것이 중요하다. 당신이 먼저 사용해보고 다른 사람들에게 그 사용법을 가르쳐 라. 당신의 회사를 믿고 당신이 다른 이들에게 제공할 수 있는 이 기회에 대해 믿음 을 가져라.

3. 당신이 이루고자 하는 것에 대해 스스로 책임져라. 책임이란 당신이 무엇을 할 것인 지에 대해 목표를 설정하는 것을 의미하며, 이는 시간적 책임을 말하는 것이다. 바 란다고 해서 되는 일이 아니다. 시간을 갖고 노력해야 가능하다.

4. 앞으로 나아가라! 어떤 상황에서, 어떤 반응에 부딪치든 앞으로 나가려면 행동을 취 해야 한다. 거절당해도 실망하지 말라. 태어나면서부터 낙관적인 사람도, 회의적인 사람도 없다. 사람들의 겉모습을 보면 그들이 취하는 태도를 알 수 있다. 그것을 판 별해내는 일은 당신 몫이다.

5. 스스로 되뇌어라: "나는 위대하다! 나는 나를 믿는다." 당신의 꿈에 충실하라. 꿈을

실현시키기 위해 할 수 있는 모든 일을 하라. 그러면 나머지는 저절로 이뤄질 것이다.

6. 어떤 이들은 팔짱만 끼고 가만히 앉아 이렇게 말한다. "와! 저 사람 좀 봐. 나도 저런 것(프리젠테이션)을 하고 싶다. 그런데 난 저렇게 못할 거야." 이런 태도로는 아무 것도 할 수 없다. 스스로 기회를 잡아라.

7. 최고의 프리젠테이션은 용기를 북돋는 말로 가득하다는 것을 잊지 말라. 당신이 진행하는 프리젠테이션 전반에 걸쳐 용기를 북돋는 말을 골고루 하라. 사람들은 자신들에게 힘을 주는 사람에게 끌린다. 사람들은 자신을 보다 나은 사람으로 만들어줄 수 있고, 용기를 북돋아줄 수 있는 사람 곁에 머물고 싶어 한다. 남에게 용기를 줄 수 있는 사람이 되라.

8. 당신의 태도는 당신이 성공하는 데 기초가 된다. 당신이 긍정적인 자세를 가지면 다른 사람들에게도 본보기가 되어 그들의 자세를 결정짓는 데 도움이 된다.

9. 시작하라! 이뤄내라!

10. 평범한 사람이 되지 말고 성공하는 사람이 되라!

용기를 가져라:

대부분의 프리젠터들이 가진 공통점은 무엇일까? 바로 배짱이다. 만약 당신이 배짱이 있다면 훌륭한 프리젠터가 될 수 있다. 당신은 굴하지 않고 해낼 수 있는 배짱이 있어야 한다. 대중 앞에서 말하고, 프리젠테이션을 하면서 생길 수 있는 위험은 바로 당신이 실패할지 모른다는 점이다. 당신은 프리젠테이션을 하는 매순간마다 위험을 감수할 배짱이 있어야 한다. 프리젠테이션 요령에 대한 책은 모두 읽어라. 그리고 당신의 프리젠팅 기술을 늘릴 수 있도록 배짱을 길러라. 프로가 하는 것을 볼 때, 앉아만 있지 말라. 그들의 내용 전달 방법을 메모하라. 성공을 생각하고, 자신에 대한 강한 믿음을 기르며, 막대한 성공을 거두는 자신의 모습을 그릴 수 있는 배짱을 가져라. 훌륭한 프리젠터들은 두려움에 마주치더라도 그것을 극복할 능력이 있다. 그들은 스스로의 능력에 내재되어 있는 자신감에 의존한다.

청중이 당신에게 호감을 느끼도록 해주는 프리젠테이션에 사용되는 무언의 신호:

- 7~10초 동안 눈을 마주친 다음 다른 곳으로 눈길을 돌려라.
- 몸은 항상 청중을 향하라.
- 앞쪽으로 몸을 숙여라.
- 고개를 끄떡이거나 웃음으로 청중에게 반응하라.
- 긍정적인 제스처를 취하라.

연설자의 약속

- 나의 거부감은 허공으로 사라졌다!
- 우주의 힘은 내 것이니 이제 이것으로 주위사람들을 이롭게 하겠다.
- 나는 살아있고, 잘 있으며, 최선을 다해 앞으로 나가 이길 것이다!
- 나는 창조적이며, 수익을 늘릴 아이디어도 많다.
- 나는 마음만 먹으면 새롭고 놀라운 아이디어를 만들어낼 수 있다.
- 나는 나를 해치려는 사람들 모두를 영원히 용서하고 해방시켜줄 것이다.
- 나는 내 인생의 목표를 알고 있으며, 그것을 얻기 위해 뭐든 할 것이다.
- 자기실현을 위해 나는 자기 인식, 자기 인정과 자기 최면을 추구해야 한다.
- 나는 남들이 가는 길을 그대로 따라가지는 않을 것이다. 대신, 길이 없는 곳을 택해 나만의 발자취를 남길 것이다.
- 이룰 수 있는 꿈을 꾸기를 좋아하고 다른 사람들도 나의 꿈에 동참시켜라.
- 나의 창의력은 일상에서 이뤄지는 내 힘의 표현이다.
- 현재 내 수입은 지출보다 훨씬 많다.
- 내가 일을 하든, 놀든, 잠을 자든, 내 순익은 매일 증가하고 있다.
- 오늘 일어나는 모든 일은 내 성공을 위한 밑거름일 뿐이다.

열정적인 프리젠테이션의 이점:

- 태도가 사실보다 더 중요하다. 사람들은 아는 것이 많은 사람보다는 열정적으로 말

하는 사람에게 더욱 귀를 기울인다.

- 열정은 전염된다!
- 열정적일 때, 신체 에너지도 더욱 활성화된다.
- 열정적인 자세를 통해 멋진 사람들을 만날 수 있을 것이다.

열정을 가져라:

한두 사람보다 여러 사람이 모여 있을 때, 얼마나 더 많은 에너지가 흐르는지 전에 느낀 적이 있는가? 고등학생들의 궐기대회에 참가해 본 적이 있는가? 그들은 승리를 위해 팀을 격려한다는 공통의 목적이 있으므로 모두 아주 흥분하게 된다. 사람들이 늘수록 더 재미있어진다! 한 번에 적어도 세 명 이상의 사람이 참여할 수 있는 이벤트를 계획하라.

열정은 단순히 팔짝팔짝 뛰고, 서로 등을 치며, 계속 웃는다고 생기는 것이 아니다. 그것은 마치 완전히 밀봉된 흥분, 에너지가 넘치는 흥분과도 같다. 그것은 볼 수도, 느낄 수도 있다. 열정은 자석과 같아 끌어당기는 힘이 있다. 프리젠테이션을 열정적으로 시작하라. 대부분의 사람들이 가장 힘들어하는 것이 바로 낯선 사람들로 꽉 찬 방에 들어가는 일이다. 편안한 마음으로 사람들의 이목이 당신에게 쏠리는 것을 즐겨라. 만약 당신이 아주 특별하다면 사람들은 우선 당신에게 관심을 갖기 시작할 것이다. 웃으면서 들어가라. 웃음은 사람들의 마음을 열게 하고, 당신과 교감하도록 할 것이다. 진지하고 근엄한 표정으로 들어가지 말라. 그것은 "나에게 말 걸지 마시오!"라는 무언의 신호와 같다. 당신이 그곳에 있어 기쁘다는 것을 보여주도록 열정적인 몸짓을 하라. 당신의 발걸음도 중요하다. 어떤 사람은 서둘러 단상에 올라가고, 그것을 좋은 태도라고 생각한다. 또 어떤 사람은 방에 들어가면서 시간을 두고 사람들과 악수를 한다.

여기에 몇 가지 도움말이 있다:

How 사람이 되라!

Now 사람이 되라!

Pow 사람이 되라!

Vow 사람이 되라!

Wow 사람이 되라!

- 당신 자신을 자랑스럽게 여겨라. 당신은 변화를 만들 수 있는 사람이다!
- 목표를 너무 낮추지 말고, 너무 느리게 움직이지도 말라!
- 부딪치지 말라! 막지 말라! 마음을 털어놓지 말라!
- 열정은 시간이 흐르면 식을 수 있다. 사람이라면 누구나 감정적 에너지에 한계가 있다. 그것이 다하면 재충전하고, 소생시켜라.

  "화를 내거나, 실망하지 마세요."

  "참으세요."

  "다시 시작하세요."

  "기다리세요."
- 열정은 선택이다!
- 열정은 힘이다!
- 열정은 당신을 멈추지 않게 할 것이다.
- 당신의 피부에 생생한 빛을 띠라!
- 열정으로 불타올라라!
- 꿈을 향해 전진하라!
- 희망이 있음을 알라!

열정의 이용:

밥 웹: "사람들이 당신의 프리젠테이션을 보고 당신이 회사나 제품에 대해 열정적이라고 느끼도록 해야 한다. 만약 그 날이나 그 주의 운세가 좋지 않다면 몇 가지 방법이 있다. 스스로 '열정에 불붙이기!', 그날은 누구와도 말하지 않기, 동기를 부여할 뭔가를 찾기, 동기부여를 해주는 훈련용 테이프이나 음악 테이프 듣기."

칼로스 구에이츠: "꿈을 가져라. 당신이 사람들에게 이유를 깨닫도록 도와줄 수 있다면 그들은 방법을 찾아낼 것이다." "당신이 보여주는 열정은 당신이 하는 말보다 더 중요하다. 당신이 프리젠테이션에서 말하는 것을 처음 듣고 그 내용을 모두 기억하는 사람은 없지만 당신이 열정적이었다는 사실만큼은 기억할 것이다."

캐시 바버: "열정을 가져라! 열정을 가져라! 열정을 가져라! 사람들은 시시콜콜한 것

까지 듣고 싶어 하지는 않지만 당신이 당신의 목적지에 대해 확신을 가지며, 그들 역시 그 목적지에 도달할 수 있도록 당신이 기꺼이 도울 의향이 있다는 사실에 관심을 갖는 다!"

열정을 뜻하는 영어 단어인 enthusiasm의 마지막 네 글자인 iasm은 "나도 설득 당했어요!"라는 뜻이다. 만약 당신 스스로도 설득 당했다면, 그리고 당신의 얘기를 듣고 있는 모든 사람들에게 그것을 정확히 전달할 수 있다면, 당신은 멋진 프리젠테이션을 한 것이다. 눈에 보이는 열정은 당신의 프리젠테이션에 생명을 불어넣을 것이고, 그럼으로써 당신은 스스로 하고 있는 일에 관심이 높으며 그것을 즐기고 있음을 보여줄 수 있고, 당신을 돋보이게 할 것이다. 청중들은 프리젠터의 이런 점을 높이 사며, 그 영향을 받는 다. 전염성이 강한 열정을 사람들이 가지도록 만들어 당신의 열정을 거부할 수 없도록 하라!

열정적으로 프리젠테이션 진행하기:

- 다른 사람들에게 더 세심하게 주의를 기울여라.
- 열정적인 사람들과 함께 하라.
- 열정을 다른 사람과 나누어라.
- 연습하고, 훈련하고, 리허설 하라! 일상생활의 일부분으로 만들라!
- 매일 다음과 같은 약속으로 하루를 시작하라: "난 건강하다. 오늘 기분이 최고다. 오늘은 최고의 날이 될 것이다. 나는 곧 부자가 될 것이다!"

팁:

- 무표정한 얼굴을 하지 말라.
- 청중들로부터 멀리 떨어지지 말라.
- 몸을 움직여 청중들로 하여금 생기를 느끼도록 하라.
- 웃어라!

빨간 양말:

에드워드 루드브룩은 프리젠테이션을 할 때, 눈에 보이는 '열정'의 상징으로 빨간 양말을 즐겨 신는다고 했다. 그리고 청중들은 어김없이 그를 기억한다.

빨간 양말은 영국 시골 상류층의 상징이다: 트위드 재킷과, 울 소재 넥타이, 코르덴 바지, 생가죽 신과 빨간 양말. 영국 시골에서는 이런 말을 자주 들을 수 있다. "꿩 사냥 후에 Duck & Dog에서 맥주 한 잔 어때, 친구?"

† 질문: 이제 더욱 열정을 가질 때인가?

힘있는 프리젠테이션의 10단계:

힘있는 프리젠테이션을 위해서는 프리젠테이션 전반에 걸쳐 적용해야 할 일종의 기술이 있다.

1. **자신감을 가져라:** 자신감은 신뢰감을 낳는다. 그들이 당신을 믿을 경우, 그들은 당신을 좋아하게 될 것이다. 그들이 당신을 좋아한다면 그들은 당신이 파는 물건을 살 것이다.

2. **초점을 맞춰라:** 요점을 놓치지 말라. 엉뚱한 옆길로 새거나 엉뚱한 소리를 지껄이면 청중들을 놓치는 것이다.

3. **당신의 열정과 생기로 설득력을 가져라:** 바로 이때, 청중이 당신과 함께 '아멘'을 외치도록 할 수 있다.

4. **긍정적인 자세를 가져라:** 부정적인 태도는 도움이 안 되고 빈정대는 태도는 청중들이 문 밖으로 걸어 나가도록 만드는 지름길이다.

5. **다른 사람을 배려하라:** 당신이 많이 아는 것보다 당신이 보여주는 행동이 중요하다.

6. **당신의 이야기를 외워라:** 프리젠테이션에 당신의 개성을 입혀라. 당신이 약술함으로써 모든 프리젠테이션을 완벽하고 자신 있게 컨트롤할 수 있다.

7. **프리젠테이션의 개요를 잡아라:** 당신 자신의 프리젠테이션 청사진을 만들라.

8. **사전 준비:** 당신의 제품, 서비스, 기회, 그리고 경쟁으로 유발되는 이익 등을 총동원하라.

9. **프리젠테이션을 말로 옮겨보라:** 확실한 프리젠테이션을 위해 검증된 기술을 사용해 개요에서 다뤄야 할 요점을 잡아라. 당신의 제품과 기회를 설명하는 데 당신의 모든 장점을 동원해 능숙하게 이용하라.

10. **매일 다음과 같이 말하며 하루를 시작하라:** "나는 곧 부자가 될 것이다."

팁:

청중은 당신이 성공하는 것을 원한다.

훌륭한 프리젠터는 먼저 사람들로 하여금 당신이 줄 수 있는 뭔가에 대해 간절히 원하도록 만든 다음 그들이 기대하는 것보다 더 많이 주어야 한다는 것을 알았다. 다른 사람 집에서 상다리가 부러지도록 차린 음식을 배불리 먹고 난 후, 그 사람을 초대해 도시락을 대접하는 것은 옳지 않다.

훌륭한 프리젠테이션은 어떤 것인가?

훌륭한 프리젠테이션이란:

- 당신의 고객이 물건을 살 동기를 확실히 마련해주고, 고객을 설득해 구매의 장애물을 모두 제거한 뒤, 그들이 주문하도록 하는 것이다.
- 판매전문가를 통해 팔릴만한 물건이나 기회를 설명하도록 하는 것이다.
- 고객의 입장에서 강조하는 점을 유지하는 것 즉, 물건을 구매하거나 당신과 함께 일함으로써 고객이 얻을 이익에 대해 강조하는 것이다.
- 첫 말문을 여는 순간부터 프리젠테이션을 마칠 때까지 부드럽고 확신을 주는 형태로 논리의 흐름을 따르는 것이다.
- 청중을 당신의 관점에 동조하도록 설득하는 것이다.

당신의 프리젠테이션 성공 여부는:

- 당신의 프리젠테이션이 청중의 기대치를 얼마나 정확히 예상하는가에 달려 있고,
- 당신이 청중에 대해 얼마만큼 알아두었고, 그 두 가지를 어떻게 조화시키는가에 달려 있으며,

- 당신이 설명할 제품, 주제, 기회에 대해 얼마나 잘 알고 있는가에 달려 있다.

제리 클락: "그들이 직면한 과제, 상처, 고통, 꿈, 포부, 기대, 희망, 필요성을 이해하기 위해 노력하고… 그들이 왜 당신을 만나고, 당신의 얘기를 듣기 위해 왔는가를 알고… 그들의 기대 이상으로 얻었다는 느낌을 가지도록 해야 하며… 그들이 다시 돌아와 당신의 얘기를 반복해 듣고 싶어 하며, 다른 사람들도 함께 데려오도록 만들어야 한다."

팁:

제인 스미스가 사려는 것을 제인 스미스에게 팔려고 한다면 당신은 제인 스미스의 눈을 통해 제인 스미스를 바라봐야 한다.

제랄린 존슨: "나는 아직까지도 최고의 프리젠테이션이라고 여길만한 것을 본 적도, 들은 적도 없다. 그 동안의 프리젠테이션은 모두 배울 수 있는 기회였고, 그때마다 항상 메모했으며, 모든 사람으로부터 뭔가 새로운 것을 배웠다. 모든 사람이 각각 독특한 스타일을 가지고 있고, 내가 가진 나만의 스타일을 유지하는 동시에, 내 프리젠테이션에 새롭게 발견한 이 기술을 접목시키려고 노력한다."

팁:

대중 앞에서 연설하는 것은 세상에서 죽음 다음으로 무서운 일이다. 그 두려움을 극복하라!

> "세상 모든 것이 하나의 무대이며, 모든 인간은 배우에 지나지 않는다. 그들은 입장하고 퇴장한다. 개개인은 자신의 차례가 돌아오면 여러 역할을 맡는다."
>
> —윌리엄 셰익스피어—

Engage 공식을 이용하라:

E= establish eye contact = 눈을 맞춰라.

N= nod = 고개를 끄떡여라.

G= get happy = 행복해져라.

A= aim your attention = 주의를 환기시켜라.

G= gesture appropriately = 적당한 제스처를 취하라.

E= effect an easy posture = 자연스런 자세를 취하라.

Present 공식을 이용하라:

P= present with enthusiasm = 열정을 가지고 나서라.

R= repeat key points = 키포인트를 반복하라.

E= enthusiastically present information = 열정적으로 정보를 설명하라.

S= sell the benefits = 이점을 팔라.

E= use emotion = 감정을 이용하라.

N= nod your head up and down = 고개를 위아래로 끄떡여라.

T= tell them again = 그들에게 다시 말해줘라.

팁:
사람들이 손목시계를 쳐다보기 시작하면 당신은 실패한 것이다.

성공적인 프리젠테이션은:

P= strong product = 훌륭한 제품을 가지고,

P= a plan = 계획을 가지고,

P= passion = 열정이 있고,

E= energy = 에너지가 넘치며,

A= action = 액션을 가지고 있다.

위대함을 추구하라. 그리고 물러서지 말라.

훌륭한 프리젠터를 만드는 한 가지 방법은 프리젠테이션을 반복해 경험하는 것이다. 사람들은 책을 보거나, 테이프를 듣고 따라하며 배움으로써 훌륭한 프리젠테이션을 만들어낼 수 있다. 많은 사람들은 세미나에 가거나, 프리젠테이션을 듣지 않고서도 잘 해낸다… 대부분의 사람들이 훌륭한 프리젠터와 프리젠테이션을 연구할 시간이 없을 정도로 바빠 그 돈을 쓰지 않는다. 성공하는 사람들은 최소 하나 이상의 프리젠테이션을 알고 있다. 사람들이 필요로 하는 것을 알아내기 위해서는 남의 말을 경청하는 법을 배워라. 청중이 원하는 것을 알아내면 남은 것은 그들의 필요성을 충족시킬 이점을 그들에게 설명하는 것이다. 반복해서 하라. 성공에 성공을 거듭하는 프리젠터가 되기 위해 먼저 자신의 일을 사랑하는 법을 배워라!

로드 니콜스: "재미있는 이야기꾼이 되어라. 사람들은 재미있는 이야기를 좋아한다. 재미있는 이야기를 하면 청중의 주의를 사로잡을 수 있으며, 당신의 사업을 설명하기 쉬워진다."

앤디 허멜: "설명하는 일은 정확한 질문을 하는 법을 배우는 것이고, 사람들이 하는 얘기를 듣고 당신이 가진 것이 그들이 원하는 것을 이룰 수 있도록 도울 수 있는 방법을 보여주는 것이다."

1대1 프리젠테이션에서 유연함을 갖춰라:

- 유연함이란 청중의 구매 충동에 어필할 수 있는 당신의 강조점을 바꿀 수 있음을 의미한다.
- 유연함이란 예기치 못한 도전과 방해에 맞설 수 있고, 프리젠테이션을 계속 진행할 수 있음을 의미한다.
- 예기치 않게 방향이 바뀐다면 최소한으로 유지해야 한다.

준비된 프리젠테이션을 한마디씩 충실히 따를 때의 장점:

- 잘 계획되고 정리된 프리젠테이션은 가장 효율적이다; 요점 하나하나를 차례대로 논리 흐름에 따라 정확히 짚어나가는 것이다.
- 잘 정리된 프리젠테이션은 당신이 인터뷰를 진행하고, 고객을 끝까지 능숙하게 유도할 수 있도록 해준다.
- 당신이 프리젠테이션을 완벽히 터득했다면 중요한 부분을 빼먹거나 잊어버리지 않는다.
- 준비할 때, 당신이 파는 제품에 대해 완벽히 알아두고, 어떻게 팔아야 할지 알아둬라.
- 사람들은 문제에 대비하고, 자료를 정리하는 프리젠터로부터 감명 받는다.
- 당신은 모든 프리젠테이션에서 중요하게 여기는 이점을 잊지 않아야 한다.
- 프리젠테이션 시간, 1분, 1초를 최대한 활용하라.
- 잘 선택한 단어는 극도의 영향력과 설득력을 갖는다.
- 잘 준비한 데서 오는 자신감을 가져라.

프리젠테이션 개요를 청사진으로 만들라:

- 자세한 개요와 함께 프리젠테이션에 필요한 말을 실제로 쓸 수 있는 간단한 보고서를 만든다.
- 프리젠테이션 진행에 도움이 되도록 가능한 한, 개요를 완벽히 만들라.
- 당신의 자료를 논리적으로, 확신에 찬 프리젠테이션으로 정리하는 가장 좋은 방법은 개요를 작성하는 것이다. 이렇게 하면 당신의 생각이 정리되어 고객에게 사업 소개와 이점 등을 설명하는 데 큰 도움이 된다.
- 개요이긴 하지만 당신의 정리된 정보를 볼 때, 프리젠테이션의 윤곽을 알 수 있을 것이다.
- 당신의 개요가 간단할지, 자세할지 여부는 당신의 제품과 사업 기회에 달려 있다.

팁:
매단계가 다음 단계와 부드럽게 연결되도록 하라. 이것은 당신이 개요에 따라 프리젠테이션을 말로 옮길 때, 매우 중요하다.

자신을 가져라:

- 당신이 공헌할 수 있다는 자신을 가져라.
- 다른 사람의 인생을 윤택하게 해줄 수 있는 당신의 능력에 자신을 가져라.
- 판매할 수 있는 당신의 능력에 자신을 가져라.
- 당신의 외모에 자신을 가져라.
- 당신의 정직성에 자신을 가져라.
- 당신의 지식에 자신을 가져라.
- 당신의 정확성에 자신을 가져라.
- 당신의 신뢰도에 자신을 가져라.
- 당신의 평판에 자신을 가져라.
- 당신의 기술에 자신을 가져라.

팁:
당신의 프리젠테이션으로만 만족하지 말라. 고객 100%가 만족했을 때, 비로소 만족하는 것이다.

레나 아커만: "당신의 열정이 청중을 감염시키도록 하라. 열정은 사람들이 인생에서 약진할 수 있도록 돕는 데 가장 중요한 도구이다. 대본을 보고하지 말고 마음 가는 대로 프리젠테이션 하라." 그녀가 좋아하는 프리젠테이션은 '청중과 교감하며, 웃음이 넘치는 프리젠테이션'이다.

팁: 당신의 제품에서 '새로움'을 찾아내라. 디자인, 구성, 서비스, 향락, 유행, 이점 등에서 새로운 것이 있는지 찾아라. 새로운 것을 찾으면, 그에 근거해 프리젠테이션을 준비하라.

존 밀튼 포그: "훌륭한 프리젠테이션은 단 한 가지로 집약된다. 프리젠터의 주의가 청중에게 향해 있는가, 자신에게 향해 있는가 하는 것이다. 단상에 서서 하든 자리에 앉아 커피 한 잔을 나누며 하든 중요한 것은 대화가 통하는 것이다."

팁:
- 당신의 물건을 알라!
- 당신의 상대방을 알라!
- 상대방이 언제 만족하는지 알라!

톰 슈라이터: "프리젠테이션은 짧게 하라. 만약 내가 당신의 집에 찾아가 영업사원들이 쓰는 모자를 쓴 채, '장황한 설명과 짧은 것이 있소. 어느 것이 더 좋소?' 라고 물으면, 당신은 짧은 걸로 하겠소' 라고 답할 것이다. 그들이 원하는 것을 줘라."

프리젠테이션 시간:

시간을 잘 지켜라. 30분 이상 계속되면 청중의 상당수를 잃게 된다. 당신의 청중 중 어떤 이는 당신이 정시에 시작하고, 끝내기를 원할 것이다. 시간을 초과하게 되면 그때부터 당신은 '그들의 시간' 을 낭비하는 것이다.

- 판매 과정에 도움이 되도록 매단계에 대한 충분한 정보를 포함시켜라. 만용을 부려 설명회의 목적을 퇴색시켜서는 안 된다.
- 당신의 설명회가 간단명료하도록 하라. 가능한 한 짧게 하되 완벽하게 하라.
- 설명회 도중의 일부 시간은 고객이 말하고자 하는 바에 귀기울이고 질문에 답하며 때로는 방해가 사라질 때까지 기다리는데 써야 한다.
- 설명회는 가장 유리한 시간에 시작하라.
- 설명회에서 당신이 무엇을 팔려고 하느냐에 따라 다르겠지만 제품을 설명할 때, 보통 15분 이상 걸려서는 안 된다. 어떤 제품은 잘 선택된 단어 200개만으로도 1분 30초 만에 효과적인 설명이 가능하다.

장황한 얘기를 하지 말라!

데이비드 스튜어트: "청중을 성공의 길로 인도하라. 설명회는 시작 전에 이미 시작된다. 예정시간 보다 최소 30분 빨리 도착하라. 설명회가 시작되기 전에 일어나는 모든 것이 새로 온 사람이 그 설명회에 대해 갖게 될 느낌을 결정 짓는다. 설명회 시작 전에 무엇을 할지, 설명회는 어떻게 할지 미리 준비하여 이 기회를 통해 사람들이 이해하도록 돕는 데 최대의 효과를 거두도록 하라. 사람들이 설명회를 지켜볼 때에는, 그들은 남들이 몇 년을 걸려 이루어낸 성공스토리를 짧은 시간에 듣고, 보고 싶어 한다."

음악과 당신의 태도:

개빈 스코트: "당신의 태도와 모임의 분위기는 훌륭한 설명회를 하는 데 아주 중요하다."

모임의 분위기:

엘리베이터나 병원 대기실에서 음악도 없이 앉아 있었던 적이 있나? 분위기가 살벌해서, 누구나 말을 꺼내기를 주저할 것이다. 어떤 모임은 정말 그래서 사람들이 무척 불편해 한다. 절대로 손님이 불편해 하도록 해서는 안 된다. 라디오에 신나는 음악이 나오는데 차를 느리게 운전해 본 적이 있나? 와! 3분 후에 당신의 기분은 정말 좋을 것이고 당신의 기분은 100% 충만해 있을 것이다. 당신이 갖는 모임에 긍정적인 분위기의 음악을 곁들여라. 사람들이 도착하면 소리를 키워라. 모임이 시작되면, 모임의 장소는 아주 좋은 분위기를 띨 것이다. 한 번은 우리가 모임에 알맞은 음악을 준비하지 않았고, 그럼에도 불구하고 사람들은 설명회가 괜찮았다고 말했다. 하지만 아주 좋았다고는 하지 않았다. 우린 뭐가 잘못되었는지 알고 있었다. 사람들에게 기분 좋아지는 음악을 들려주면서 분위기를 북돋워 주는 것이 좋다.

당신의 기분:

당신의 기분이 좋지 않다면, 차라리 설명회를 취소하거나 다른 사람에게 맡겨라. 나는 벌써 9년째 설명회를 하고 있지만, 기분이 좋지 않은 상태에서 설명회를 한 것은 단 한 번이었고, 그것은 내가 세 번째로 한 것이다. 당시 설명회가 시작되기 2분 전에 어떤 사람이 내가 25파운드를 훔쳐갔다면서 그 돈을 즉시 돌려달라고 요구했다. 그것도 처음 보는 사람들 앞에서… 나는 그를 밖으로 데리고 나가서 그와 그 문제를 해결하고 나서 설명회를 시작했다. 마지막에는 몇 사람이 나에게 무슨 일인지 물었다. 그는 설명회의 분위기를 깨뜨렸다. 나는 청중에게 절대로 부정적인 모습을 보이지 않았지만, 내 기분이 좋지 않았다면, 다른 사람에게 하도록 부탁해야 한다는 것을 깨달았다. 그 사람은 우리 회사를 끝까지 다니지 못했다. 나는 그 이유가 궁금했고, 그가 지금까지 수백만 달러의 보너스를 잃은 것을 알게 되었다. 당신의 기분을 띄워 줄 수 있도록 분위기를 살려주는 음악을 항상 틀어라. 그게 효과가 있는지 알아보려면, 당신이 정말 싫어하는 음악을 세 곡만 녹음해서 연달아 듣고 난 후 기분이 어떤지 보아라. 단, 당신의 기분을 다시 띄워줄 좋아하는 음악도 함께 준비하라.

음악의 힘:

　음악은 설명회에 있어 아주 중요한 부분이다. 음악은 당신의 귀를 통해 전달되지만 당신 몸 전체의 운동감각에도 좋은 느낌을 주고 컨디션을 상승시켜 계속 유지하는데 도움을 준다. 또 설명회를 하는 동안 음악을 틀어주며 잠깐 시간을 두면 청중의 마음을 바꾸는 효과를 거둘 수 있다. 음악으로 설명회의 템포도 조절할 수 있다. 음악이 있으면, 그들이 당신과 함께 웃게 할 수도 있으며, 울게 할 수도 있다. 당신은 그들의 기분이 천국과 지옥을 왔다갔다하도록 할 수도 있다. 멋진 설명회 음악을 모아라. 요즘 시중에 나와 있는 신종 CD 굽는 기계를 이용하면 당신이 할 연설을 위한 음악파일을 바로 만들 수도 있다. 설명회를 준비할 때 반드시 음악도 준비하라. 부록에 음악목록 샘플이 있다.

'미리 녹음된' 프리젠테이션도 '훌륭한' 것이 될 수 있다:

　미리 녹음된 설명회 진행 멘트를 사용하더라도 당신은 훌륭한 설명회를 이끌 수 있다. 훌륭한 설명회 중 몇몇은 미리 녹음되었던 것들이다. 어떤 사람들이 미리 녹음된 설명회를 반대한다면 왜 반대하는지 들어보고, 그 설명회가 자극적일 때, 그들의 주장이 얼마나 근거 없는지 살펴보아라.

신화 #1: '미리 녹음된' 세일즈 멘트는 생동감이 없고 즉흥성이 떨어진다.

사실: 롱런 하는 연극배우들은 수천 번을 외운 대사의 행간을 이해한다. 진짜 성공한 연설자들도 마찬가지이다. 이미 효과가 입증되었고, 훌륭한 연설자들은 그들만을 위해 완벽히 준비된 설명회를 외우고 그것을 충실히 따라한다. 그들은 하고자 하는 얘기를 가장 효과적으로 전달하는 방법을 찾았기 때문에 앵무새처럼 단순 반복 작업을 하는 것이 아니라 그것을 계속해서 가장 좋은 형태로 이용한다. 정형화된 설명회를 이용하는 것을 믿지 않는 연설자들조차 그것이 어떤 종류의 설명회이든 충분히 자주 반복하면 하나의 정해진 패턴을 띄게 된다는 것을 인정한다.

신화 #2: 어떤 연설자들은 자기가 미리 외워서 설명회를 하는 중에 어떤 방해를 받게 되면 흐름을 놓쳐버린다고 불평한다.

사실: 어떤 설명회라도 당신의 생각을 정리해 놓지 않으면, 질문이나 다른 방해로 인해 중지될 수 있다. 잘 준비된 설명회를 하면 요점이 하나하나 매끄럽게 연결되기 때문에 방해받을 위험이 최소화된다.

신화 #3: 또 다른 반대의 근거는 두 명의 잠재 고객이 똑같을 수는 없는 일이므로 설명회를 할 때는 유연성을 갖추어야 한다는 것이다.

사실: 그러나 대부분의 세일즈맨들은 자신들의 제품과 용역이 타깃으로 잡은 사람들을 방문하며, 그러므로 그들의 욕구와 필요는 어떤 면에서는 최소한 서로 비슷하게 마련이다.

어떤 제품이나 기회에 있어서는, 완벽하게 외우고 표준화시킨 설명회가 도움이 되지 않을 수도 있다. 예를 들어, 도구의 큰 부품 같은 특수 제작되어 고객 개개인의 필요에 맞게 만들어진 제품을 설명할 때는 각 고객마다 설명회가 달라져야 한다. 완벽한 영업 설명회를 써낼 필요는 없지만, 각각의 설명회에서 무슨 말을 할지는 머리 속으로 계획을 짜 놓아야 한다.

 프리젠테이션 마스터하기

표준화된 설명회를 이용하는 것이 내키지 않을지라도, 당신이 하는 모든 설명회에 공통되는 요소들을 표준화하면 얻는 것이 있을 것이다. 매번 새로운 설명회를 준비하느라 허비하는 시간도 줄어들 것이고, 당신이 하는 설명회에서 대부분 다루어지는 혜택을 설명하는 데 가장 효과적인 방법을 터득하게 될 것이다.

당신은 연기자이다:

설명회를 하는 방법도 여러 가지가 있다. 훌륭한 연설자들, 마스터들은 설명회를 계획하기 전에 청중이 그들에게서 무엇을 기대하는지를 가능한 많이 알아낸다. 그들은 청중이 원하는 것을 전달한다. 그저 방 앞자리에 앉아 듣고 있는 사람한테만 말한다고 당신이 설명회의 달인이 되는 것은 아니다. 운동선수들, 무용수들과 배우들은 자기의 '연기'를 준비한다. 연설자로서 당신도 최고가 되고 싶어 하며, 그러기 위해서는 사전 연습이 필요하다. 이 지침을 자주 참고하라. 설명회를 시작하는 방식을 바꾸어라. 설명회가 너무 재미있어서 청중이 당신의 설명회가 안 끝났으면 하고 바라도록 하라. 그들은 계속해서 다시 와서 당신 얘기를 듣고 싶어 할 것이다.

읽고, 듣고, 논하고, 관찰하고, 생각하고 난 후 설명하라!

연설자가 재빨리 체크할 것들:

- 당신과 고객 모두가 완벽한 동의의 표시로 손을 흔들 수 있도록 당신이 보는 대로 논리적인 흐름의 다음 단계를 이용하여 심상을 완성하라. 따듯한 느낌이 들것이다.
- 잠시 모든 생각을 잊고 당신이 이번 설명회에서 이루어내고자 하는 결과를 적어라.
- 이제 당신의 모든 심상, 바램, 희망을 씻어버리고 최선을 다하라.
- 다음과 같은 언약을 반복하라: 나는 성공할 것이다. 이 설명회에 관련된 사람들은 모두 정당한 가치의 대가를 받게 될 것이다.

- 이제 감사기도를 올려라. 당신 스스로 해낼 수 있고, 직업과 기회, 그리고 고객도 있다.
- 절대적이고 완벽한 자신감을 가지고 모임에 들어가도록 하라.
- 모든 질문에는 정확한 답으로 대처하고, 모든 대답에 대해 청중이 고개를 끄덕이는 승인의 표시를 받도록 하라.
- 당신에게 있다고 생각한 것보다 더욱 더 자신감 있고 위풍당당하게 고객을 향해 추천하라.
- 모든 것에 '예'라고 대답하는 고객을 상상하고, 이 고객과 그의 필요에 부응하기 위해 만들어진 고객과 판매사와의 관계를 상상하라.
- 처음부터 끝까지 완벽한 설명회를 해내는 당신의 모습을 지켜보라.

이 모든 것은 약 10분 걸린다.

프리젠테이션 준비를 위한 점검 목록을 완전히 습득하라:

훌륭한 설명회를 위한 계획을 만들 때 다음 목록을 참조하라.

☐ 청중을 분석하라:

당신의 청중은 기대를 갖고 있다. 당신이 말하고 있는 상대가 누구인지를 아는 것이 중요하다. 연령, 이해수준, 회사분위기, 그들이 가지고 갔으면 하는 세 가지 주안점이 무엇인가, 그것이 그들에게는 중요한 것이 될 것이다. 당신은 과도하게 열정적이고, 평온하며, 깨우치는, 즐거운, 흥미로운, 진지한, 정보가 있을 필요가 있는가? 다음과 같은 생각으로 분석을 시작하라. "내 설명회가 끝날 때 내가 평가서를 작성해달라고 한다면, 이 청중에게서 나는 어떠한 특별한 평가를 얻어내야 할 것인가?" 당신의 설명회를 위해 당신이 염두에 둔 결과를 가지고 시작하라.

☐ 청중과 교감하라:

설명회 장소에서 사람들의 이름을 부르고, 당신이 아는 사람을 바라보며 웃어라. 다음과 같은 말을 하라. "여러분과 다시 만나게 되어 기쁩니다." "우리가 지난번에 얘기했던 것을 기억하실 겁니다." "여러분은 오늘 여기서 특별한 사람들입니다." "여러분은 진정한 스타입니다. 여러분이 여기에 오지 않았다면, 내가 설명회 할 대상이 없었을 겁니다."

☐ 당신의 목적을 정하라:

설명회를 해달라고 요청한 사람들에게서 정보를 수집하라. 일기를 쓰고 예상되는 것은 기록하라. 날짜, 시간, 장소, 그리고 청중과 같은 중요한 정보를 알아내라. 만약 전에도 같은 청중에게 말한 적이 있다면, 그들은 전과 같은 설명회를 기대하는가, 아니면 당신에게서 전과는 다른 정보를 얻기를 원하는가?

☐ 의도적인 제스처를 취하라:

차렷 자세로 한 곳에서만 계속 서 있거나, 주머니에 손을 넣었다 뺐다 하거나, 단상에 기대지 말라. 당신의 불안한 에너지를 적절한 방향으로 집중하기 위해 의도적인 제스처를 취하라. 한 장소에 서 있지 말고 움직여라. 한번에 한 걸음을 걷지 말라. 한 번에 두세 걸음 걸어라. 한 번에 여러 걸음을 걸으면 당신은 자신감 있어 보인다.

☐ 빛을 극복하라:

빌 고브는 수년 간 잭 베니와 밥 호프의 연설코치였다. 젊은 시절에 있었던 설명회에서 빛이 연설자인 그의 얼굴로 곧바로 쏟아졌었다. 그 연설자가 볼 수 있는 것이라곤 어둠뿐이었다. 그 연설자는 칠흑 같은 어둠에 대고 얘기하면서 청중들의 얼굴을 볼 수 없었다. 빌 고브는 이 위대한 연설자들에게 그들이 얘기하고자 하는 바를 그 빛 너머로 전달하라고 코치하였다. 그리고 오늘날도 마찬가지이다. 당신도 말하고자 하는 바를 전달하여야 한다.

☐ 위대함을 추구하라:

훌륭한 설명회만을 생각하라. 부와 번영에 대비하라. 초대받은 것을 스릴 있게 즐기고, 점잔빼거나 지치지 말라. 내면에 더욱 열정을 채우면 당신의 설명회는 사람들을 영원히 당신에게로 끌어들이는 자신감과 흥분으로 넘칠 것이다.

□ **눈을 맞춰라:**

1초 이상 청중을 바라보는 것은 청중을 빨려들게 하는데 중요한 열쇠 중 하나이다. 말한 마디를 마칠 때마다 당신의 노트를 보지 말고, 사람을 바라보아라. 청중을 향해 당신이 그들에게 관심이 있다는 것을 보여 주어라.

□ **당신의 마법을 마케팅하라:**

앞으로 나아갈 때나, 단상에 올라갈 때, 크게 웃을 때 생각을 하며, 당신의 메시지가 무엇인지를 알고 그것이 당신의 청중에게 전달된다는 것을 알아라. 당신을 마케팅 하라. 당신이 재미있는 사람이란 것을 마케팅 하라. 당신은 가치 있는 정보를 가지고 있고, 당신은 중요한 사람이며, 강력한 메시지를 가지고 있다는 것을 생각하라. 청중에게 당신의 언행으로 얘기하라. 장엄하게 나서라.

□ **평범함에서 특별함으로 움직여라:**

평범한 사람들은 사람에게 말을 하지만, 프로는 대화의 형태로 얘기한다. 청중과 대화하듯이 말하라. 중요한 것은 당신이 무엇을 아느냐가 아니라 당신이 무엇을 보여주느냐 하는 것이다!

□ **요점의 개요를 잡아라:**

사용할 중요 단어와 어구를 준비하라. 연설 전체를 타자로 치고 파워 포인트 프리젠테이션으로 만들어 더블 스페이스로 하거나 트리플 스페이스로 하여 앞에다 놓고 하면 된다. 아니면, 중요 단어를 종이 한 장에 적거나 마음속에 담아 두어라. 요점을 잘 정리해 두도록 하라. 청중은 이런 말을 싫어한다. "참, 이것을 빼먹었군요. 다시 할게요."

□ **요점 사이에는 중지를 두라:**

대부분의 연설자들은 설명회를 서둘러 끝내려 한다. 그들은 첫 번째 요점에서 다음으로 두서없이 말하고 1초도 침묵이 흐를 새가 없게 한다. 문장 사이사이에 잠깐씩 쉬어야 한다. 청중이 당신이 말한 것을 이해할 시간을 주어라. 중요한 사항을 말할 때는 천천히 말하고, 청중을 똑바로 쳐다 본 다음 마지막 요점에서는 쉬어라.

☐ 소리 내어 연습하라:

거울 앞에서 연습하라. 당신을 비평해 줄 수 있는 사람과 함께 연습하라. 얘기하는 동안 당신이 강조할 문구와 타이밍, 말들을 연습하라. 부록에 사용할 수 있는 단어와 문구 목록이 있다. 소리 내어 연습할 때, 자신감과 몸가짐이 나아질 것이다. 파워 포인트 프리젠테이션을 사용한다면 화면을 모두 한 번씩 넘겨보고 순서대로 정리되어 있는지 당신이 각 화면을 모두 이해했는지 확인하라. 빈 노트에 가득 채워놓은 메모를 이용하여 설명회를 하는 것이라면, 답안이 정확한지 확인하고, 소리 내어 죽 읽고, 말이 되는지 확인하라.

☐ 프로답게 설명하라:

준비하라. 열정을 가져라. 당신의 전달 메시지에 유의하라. 청중에 관심을 가져라. 그들에게 최선을 다하라. 당신을 그들에게 바쳐라. 사기꾼이 되지 말고 진실한 사람이 되어라. 메시지를 전달하고, 그것이 끝나면, 자동차 문을 닫을 때처럼 확실히 끝내라!

☐ 모든 성격에게 설명하라:

Auditories   = 들어야 한다.

Digitals   = 통계가 있어야 한다.

Kenos   = 느껴야 한다.

Visuals   = 보아야 한다.

☐ **연설을 설명하라:**

준비하라. 다른 이들에게 공헌하며 시작하라. 당신이 하고자 하는 말이 가치 있다는 사실에 집중함으로써 초조감을 없애라. 당신은 변화를 이끌어내는 사람이다. 멈추고 첫 단어를 내뱉기 전에 청중에게 보이지 않는 팔을 둘러라. 웃으며 즐길 준비를 하면, 시간은 빨리 흘러갈 것이다. 준비하는 것이 중요하다. 줄곧 그 생각을 하라. 설명회를 하기 전날 밤에는 충분한 휴식을 취하라. 당신은 위대해질 수 있다는 것과 청중은 강력한 메시지를 들으면 열광한다는 것을 알아라. 이 지침 하나에도 엄청나게 많은 설명회 아이디어가 있다. 이것을 앞으로 당신이 할 설명회를 위한 도약대로 이용하라.

☐ **설명회 주제를 조사하라:**

설명회에서 나눌 수 있는 재미있는 정보를 찾았는가? 당신이 설명회에서 제공할 정보는 정확하고, 최신의 것이며 청중의 관심을 끌 수 있는가?

> ## "연습 하고 , 훈 련하고 , 리허설을 하라."
> — 톰 홉킨스

☐ **주제를 선택하라:**

산책을 하고, 설명회에 대해 줄곧 생각하며, 시간을 갖고 주제에 대해 생각하라. 당신의 주제를 다른 연설자들과 공유하여 같은 날 다른 연설자들이 할 얘기와 겹치지 않도록 하라. 당신의 설명회는 차별화 하라. 설명할 수 있는 다른 방법을 모두 생각하라. 시장을 뒤지고, 잡지와 인터넷을 뒤져서 당신의 요점을 눈에 띄게 할 수 있는 시각자료를 찾아라. 청중의 관심사에 초점을 맞춰라. 주제 목록은 부록에 있다. FAYC = 당신 자신에 대해서 완전히 잊어라!

☐ **요점을 지지하라:**

유머와 통계와 이야기를 이용하라. 문장을 끝낼 때는 평서문으로만 끝나지 않도록 주의하라. 특히 주요 요점을 말할 때는 청중과 눈을 맞춰라. 요점을 말하는 사이에는 쉬어라. 청주에게 질문하라. "제 말을 듣고 계십니까?" 그리고 다음과 같이 말하라. "좋습니다. 그럼 다음으로 넘어가겠습니다."

☐ 시각자료를 활용하라.

연사가 하는 얘기나 설명회가 얼마나 훌륭한 것이든지, 대부분은 그저 앉아서 연사가 하는 말을 듣고만 있지 못한다. 사람들은 움직여야 한다. 시각자료를 활용하면 사람들의 주의를 환기시킬 수 있다. 백문이 불여일견이다. 당신이 설명하는 것을 한 눈에 설명해주는 단어를 이용하라. 전단지를 나누어주거나 차트, 칠판을 이용하여 요점을 설명하라.

☐ 당신의 설명회가 대성공을 거둔다고 상상하라:

반복해서 청중 앞에서 일어서고 훌륭하게 해내는 당신의 모습을 상상하라. 청중 앞에서 평정을 유지하면서도 열정적인 모습을 보여라. 힘차게 걸어 다니는 모습을 보여라. 결국, 당신 자신이 중요하다!

☐ 당신이 하는 말에 신경 써라. 사람들에게 다음과 같은 것을 원한다면:

- 그들이 자신을 더 나은 사람이라 여기길 원하는가? 당신이 자신감에 대한 설명회를 하는 것이라면 다음과 같은 단어를 사용하라. 느끼다, 느꼈다, 발견하였다…
- 사람들이 새로운 기술을 배우길 원하는가? 다음과 같은 단어를 사용하라. 방법은 이렇습니다, 그런 다음 이렇게 하세요, 다음 단계는…
- 당신이 제공하는 정보를 가지고 행동에 옮기기를 원하는가? 행동에 관한 단어를 사용하여 설명하라. 가라, 하라, 되라, 움직여라, 올라라, 행동하라…
- 통계치에 대해 애기하고 싶다면 다음과 같은 단어를 사용하라. 숫자는 거짓말을 하지 않는다는 것이 중요합니다, 우리의 통계치는 훌륭한 것 같습니다. 판매고를 늘립시다…

이 지침서를 보면, 당신이 상상한 것보다 더 나은 설명회를 하고 성공할 수 있도록 도와줄 수 있는 모든 종류의 도움말이 있다. 사용할 수 있는 단어와 문장의 목록은 부록에 있다.

혜택에 대해 설득하라:

한 제품의 특징에 대해서만 얘기할 때는, 청중이 다음과 같이 생각하고 있다는 것을 기억하라. "그래서 어쨌다고! 당신 제품의 모양이 이렇고 품질이 이렇고… 그게 나한테 무슨 소용인데?" 당신과 당신의 사업에 대한 것이 있다면, 그것은 특징이다. 그 사람에 대한 것이라면, 그것은 혜택이다. 그것이 혜택이라면 그 앞에 "당신이 얻을 수 있는 것은…"이라는 말을 집어넣어야 한다.

모든 제품에는 특징이나 물리적 특성이 있다. 예를 들어:

- 색깔
- 양
- 가격
- 품질
- 포장
- 모양 등등
- 배달
- 크기

팁:

제품의 특징에만 집중하지 말라.

데비 가비넷: "당신이 얼마나 신경 쓰는지 알기 전에는 사람들은 당신이 얼마나 많이 알고 있는지에 대해선 관심 없다." 그녀는 자신의 제품이 제공할 수 있는 혜택에 대해 열정을 가지고 있고, 사람들이 하는 말에 집중함으로써 청중과 관계를 형성하여 청중의 필요가 무엇이든 그것에 맞는 적절한 혜택을 대비할 수 있다.

설득시킬 혜택의 요점 정리하기:

- 회사의 잘 나가는 동료에게 어떤 혜택이 가장 효과를 보는지 물어라.
- 의견을 수렴하라. 실제 그 제품을 사용하는 사람은 제품에 대한 장점과 단점 같은 귀중한 정보를 제공할 수 있다.
- 제품을 팔려면, 전엔 본 적 없다는 듯이 면밀히 관찰하라. 가능하다면, 분리하라. 움직일 때 그것을 보라. 어디서 보이는지 들리는지.

- 당신이 잊어버리거나 놓친 혜택이 없는지 회사의 모든 책자와 게시판을 자세히 살펴라.
- 당신이 이미 알고 있지만, 지금 당신이 설명회에서 사용하지는 않는 것을 포함하여, 잘 팔리는 혜택이 될만한 것이 하나라도 있는지 잘 찾아라.
- 당신이 기억해 낼 수 있는 모든 혜택을 적어라.
- 당신이 팔려고 하는 것에 대해 알아야 할 것을 이미 모두 알고 있다고 생각할지 모르지만, 최고의 자리에 이르는 사람은 혜택을 가장 잘 아는 판매원이라는 사실을 기억하라.

"당신 자신에 대해서는 완전히 잊어라!"

– 루이스 아드리안

당신의 프리젠테이션을 위해 팔릴만한 혜택을 고르는 법:

- 당신이 갖고 있는 것 중 최고의 혜택 위주로 설명회를 준비하라.
- 설명회를 진행할 때 청중에서 가장 많은 사람에게 어필할 수 있는 혜택으로 골라라.
- 사람들이 원하는 것은 혜택이다.
- 당신의 제품이나 서비스를 눈에 띄게 가장 도움이 되는 혜택은 그것만이 줄 수 있는 혜택이다.
- 그것이 무엇이든, 경쟁자들이 제시할 수 없는 혜택을 강조하라. 아주 작은 것이라도 그것이 차별화 된 이 분야의 유일한 것이라면, 의미가 있다.
- 판단하는 사람은 고객이라는 것과 고객에게 혜택을 제공할 것이 확실한 것만 살 것이라는 것을 잊지 말아라.
- 당신이 설명회에 미리 포함시키지 않은 혜택은 당신의 자신감을 증폭시키고 상황이 좋지 않을 때 예비로 활용할 수 있다.
- 가장 흥분되는 혜택을 고르기 위해서는, 당신을 청중의 입장에 놓아라. 모든 점을 면밀히 살펴고 다음 질문을 하라.

- 이것은 내가 이런 종류의 제품이나 서비스에서 원하고 필요로 하는 것인가?
- 내가 고객이라면, 이것은 내 구매동기를 충족시킬 수 있나?
- 내가 제시하는 이 혜택은 고객이 듣게될 다른 기회보다 더 나아 보이거나 달라 보이게 할 것인가?
- 일반 판매 설명회에서는 당신의 목록에 있는 모든 혜택을 다룰 수 없다. 다 다룬다면 당신의 설명회는 시간이 너무 오래 걸릴 것이다.
- 고객의 주의력을 좋아하는 관심사로 바꾸어야 한다. 당신의 제품을 구매하거나 당신의 연설회에 참여하면 어떤 혜택을 얻을 수 있는지 고객에게 설명하라.

회사에서 준비한 판매 혜택 목록이 어떤 도움이 되나:

- 회사에서 준비한 목록이 그 산업에서 상황이 빠르게 변하거나 제품 디자인이 변해서, 혹은 경쟁자의 제품이 달라져서 구식이 되지는 않았는지 확인하라.
- 제품을 고안할 때, 당신의 회사는 경쟁사가 내놓는 같은 제품보다 더 낫도록 만들어야한다.
- 당신이 알고 있는 제품에 대한 지식과 그로 인한 혜택에 대한 회사의 목록을 늘려라.
- 회사는 처음부터 제품 개발에 참여하고 있기 때문에, 기술자와 판매 선전원들은 제품이 실제 무엇을 할 수 있는지를 완전히 이해하고 있다.
- 회사는 아마도 그런 제품에서 고객이 원할 것 같은 혜택을 찾아내도록 시장조사를 할 것이다.
- 당신의 회사가 준비한 판매 혜택 목록이 당신이 훌륭한 설명회를 만들어내는데 중요한 정보원이다.

'단순한 정보'를 '소비자가 얻을 수 있는 혜택'으로 전환하기

- 소비자가 사는 것은
  - '아름다움'이 아닌 '아름다운 것을 소유함에서 오는 기쁨과 자부심'이고
  - '빠른 속도'가 아닌 '빠른 속도가 가져다주는 시간의 절약과 생산성의 향상 등의 즐거움'이며
  - '힘'이 아닌 '힘으로 인한 내구성'임을 알아야 한다.

- 소비자가 구매하는 모든 물건은 그 자체의 가치 이전에 더욱 근본적인 구매 이유가 되는 가치를 지닌다.
- 동기(motive)를 사는 사람들은 물건 자체에 만족하는 것이 아니고 그 물건들을 통해 누릴 수 있는 혜택을 생각하고 만족감에 취하는 것이다. 그 둘에는 명확한 차이가 있다.
- 표를 한 개 그려 당신의 조직에 투자하거나 당신 회사의 물건을 사는 것에 대한 혜택들을 써보라. 조금이라도 이점이라고 생각되는 것을 빠짐없이 써넣어야 한다.
- 당신의 사업설명이 소비자들의 구매동기를 만족시킬 수 있어야 한다.

팁:

혜택을 강조하는 것은 매우 중요하다. 여러분이 사업설명을 할 때, 구매욕을 자극할만한 혜택을 언급하려 한다면 그 혜택들 하나하나를 소비자의 머릿속에 그려주어라. 여러분은 구매나 투자로 인해 어떤 혜택을 얻을 수 있는지 '보여' 줘야 한다. 사업설명을 준비할 때, 강조할 부분마다 스스로에게 "그래서 어떤 이점이 있지?"라는 질문을 던져라. 그리고 그것에 해당하는 혜택을 고객들에게 읊어줘라. 이로 인해 여러분은 엄청난 반응의 차이를 느낄 수 있을 것이다.

탁월한 효과를 보장하는 혜택의 예

- 건강과 활력, 생기의 획득
- 일과 가족에 대한 자부심
- 언제나 행복한 기분
- 사랑의 교감
- 그 모든 것을 얻는 것
- 친구, 동료들과 돈독한 관계를 다지는 것
- 자부심
- 일할 시간과 즐길 시간을 동시에 확보하는 것
- 매일 새롭게 시작하는 것
- 돈 걱정할 필요가 없는 것
- 타인과 여유로움을 공유하는 것

혜택 언급으로 프리젠테이션을 빛내는 방법

- 예를 들어 말하라.
- 다음과 같은 표현을 써라.
  - "자, 이를테면 여러분이 …한다고 생각해 보세요"
  - "여러분에게 여행 기회가 주어졌다고 상상해보세요"
  - "그 말은 즉, 어떤 이유로 여러분이 집에서 아이들과 함께 있어야 한다면…"

간단한 표를 작성해 상품의 특성과 그에 따른 혜택을 정리해보자.

투자기회 / 상품의 특징	소비자가 얻을 수 있는 혜택

궁극적인 혜택

　누구나 사업설명을 할 때, 궁극적으로는 혜택을 팔려고 하는 것이다. 그러나 효과를 보는 경우는 드물다. 여기 그 해답이 있다: 상품에 대해 떠들지 말고 혜택을 강조하라.

　사람들은 "자, 지금 설명해드린 것 외에 더 자세한 혜택이 소개된 안내책자를 드리죠."라든가 "이 전단을 보시고 이 샘플을 써보세요. 훨씬 더 많은 혜택을 보시게 될 겁니다."라고 말하기 쉽다. 그렇다면 여러분이 최선을 다해 사업설명을 마친 뒤, 어떤 결과를 얻게 되는지 냉정히 따져보자.

　우선, 여러분은 설명하고 있는 제품의 온갖 장점을 메모해놓는다. 그리고 사업설명회나 1대1 세일즈, 광고성 편지 및 메일과 광고에서 그 장점들 즉, 혜택들을 하나도 빠짐없이(말로 혹은 글로) 제시한다.

　그러나 그 결과, 여러분이 얻을 수 있는 반응은 아마 거의 없을 것이다. 여러분이 끌어들이려는 고객들은 당신의 열의를 무시하고 거의 모든 사람들이 비싼 돈을 들여 제작한 샘플마저 팽개쳐버린다. 이쯤 되면 여러분은 전문가의 조언을 구하게 될 것이다. "어떻게 하면 내가 소개하는 상품을 좀더 사고 싶도록 만들 수 있을까요? 내가 필요한 것은 소비자들이 상품을 택해주는 것인데 너무 오래 걸립니다. 어떻게 하면 나아질까요?"

　전문가는 아마 이렇게 대답할 것이다. "해답은 간단하죠. 당신은 물건을 선전할 뿐입니다. 사실, 더욱 중요한 것은 혜택의 강조이죠. 모든 물건에는 그것을 구매함으로써 얻는 혜택이 있습니다. 고객들이 그 혜택을 알아채기 전에 당신이 먼저 일깨워주는 것이 중요합니다. 상품으로 인해 얻게 될 혜택을 강조하세요."

　자, off you go, 당신은 혜택을 선전하고, 선전하고, 또 선전한다. 이제 더 이상 남은 것이 없다! 그러나 실적은 여전히 부진하고 다시 한번 여러분은 이 일이 나와 맞지 않는다는 자괴감과 의구심을 갖게 된다. 내 말이 틀렸는가? 여러분이 전문가의 조언대로 했다면 왜 사람들은 줄을 서서 그 상품을 사거나 사업에 투자하려고 안달하지 않는 것인가? 이제 여러분은 한층 자극적인 혜택들을 닥치는 대로 제시하며 할 수 있는 것은 뭐든지 해본다. 그러나 고객들의 반응은 "천천히 생각해봐야겠어요. 가족들과 상의해봐야 하고, 시간도 돈도 없고…" 이 정도다. 여러분이 지금껏 애써 설명한 상품이나 제안은 완전히 무시되고 말이다. 이렇게 힘들게 노력해 절망적인 실적을 올리느니 성공한 사람들의 방식을 따라 방대한 양의 실적을 얻는 것이 낫지 않을까? 여러분 자신에게 다음과 같이

물어보라.

"성공한 프로 사업설명자와 힘들게 일하고도 전혀 실적을 못 올려 괴로워하는 아마추어 사업설명자 사이에는 사업설명 면에서 어떤 차이가 있을까?"

"상품과 그에 따른 혜택이 전부가 아니라면 고객과 청중들의 흥미를 집중시킬 핵심 요소는 무엇일까?"

당신은 해답을 알고 있는가? 해답은 '궁극적 혜택'이라는 매우 단순한 말 속에 있다. 궁극적 혜택은 사업설명자들의 목표요, 우리가 추구하는 인생의 모습이자, 우리가 시간과 자원을 소비하는 방법이기도 하다. 한마디로, 우리가 진정으로 바라는 모든 것이지만 그 궁극적 혜택들을 이루도록 해주는 상품은 사실 부차적인 요소일 뿐이다. 따라서 여러분은 상품에만 가치를 둘 것이 아니라 그것으로부터 궁극적 혜택을 이끌어내 고객과 청중에게 그것을 성취할 수 있음을 인식시켜줘야 한다. 궁극적 혜택이야말로 진짜 혜택으로서 고객들이 여러분과 계속 계약하고 상품을 이용하도록 만드는 원천이다.

예를 들어, 여러분이 교회에 나가는 이유가 목사님의 설교가 항상 훌륭하기 때문은 아니며 어떤 팀을 응원하는 이유가 그 팀이 항상 이기기 때문은 아닌 것과 마찬가지다.

이제 여러분은 사업설명을 할 때, 궁극적 혜택이라는 큰 주제를 향해 모든 정보와 행위를 집중시켜야 한다. 왜냐하면 궁극적 혜택이야말로 여러분이 정말 선전해야 하는 부분이며 고객들의 머릿속에 심어줘야 하는 개념이기 때문이다. 고객들은 그 궁극적 혜택을 성취하기 위해 당신과 계속 거래하게 될 것이다.

진실 1. 사람들이 진정 원하는 것은 상품 그 자체가 아니다. 따라서 여러분이 상품 중심으로 나간다면 상품이 줄 수 있는 방대한 혜택들에 치중한 나머지 고객이 얻고자 하는 것들은 무시하는 결과를 낳을 수도 있다. 고객들은 상품 자체가 아닌 그 상품으로부터 얻을 수 있는 궁극적 혜택으로 인해 마음이 움직이기 때문이다. 사람들은 누구나 행복한 삶과 명성, 경제적 안정, 구원, 건강, 자신만의 라이프스타일, 그리고 똑똑한 자녀를 갖고 싶어 한다. 여러분이 그런 것들을 얻을 수 있도록 도울 수 있다고 생각하게 된다면 그들은 여러분의 사업설명에 열심히 귀를 기울일 것이다.

진실 2. 궁극적 혜택의 효과는 오래 간다. 한번 그로 인해 고객의 선택이 이루어지면

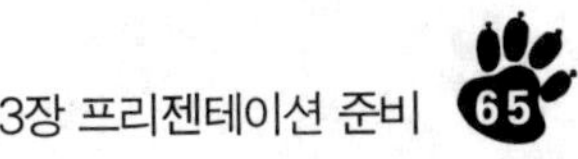

그 선택은 계속 되풀이될 것이다.

진실 3. 상품은 오가며 소비되지만 여러분과 거래하는 것에 대한 혜택을 선전한다면 여러분 스스로 보증수표의 역할을 할 수 있다. 여러분이 단순히 사업설명자로 남는 한, 사람들은 상품이나 회사의 이름만을 기억할 뿐, 그 물건을 판 사람은 곧 잊게 될 것이다. 따라서 여러분 자신을 선전해야 한다. 고객들과 친해지고 그들의 관심을 끌어라. 상품에만 매달리는 사업설명자라면 그 상품 없이는 실적을 올리기 힘들게 된다. 그리고 상품들은 언제든지 교체되거나 바뀌기 마련이다.

진실 4. 고객들에게 궁극적인 혜택을 선전하라. 그것이 어떤 상품을 선전하는 것보다 중요하다.

"궁극적 혜택을 제시하라"

톰 슈라이터(Tom Schreiter)

궁극적 혜택에는 다음과 같은 것들이 포함된다.
- 내적인 안정
- 성적 매력
- 비용 절감
- 주위의 인정
- 인생에서의 성공
- 경제적 안정
- 건강
- 자녀들이 우수한 학생이 되는 것
- 모험
- 즐거움

- 명성, 타인으로부터 부러움을 사는 것
- 만족한 삶
- 세계평화
- 가정과 가족 보호
- 저축

팁:

- 상품이나 사업을 소개할 때, 궁극적 혜택과 연결시켜 정의하라.
- 상품을 가능한 한, 넓은 시장과 연계하라.
- 여러분이 파는 상품이나 사업으로 인한 궁극적 혜택을 부지런히 이야기하라.
- 반드시 많은 사람과 접촉하라.
- 반드시 넓은 시장을 개척하라.
- 상품이 고객에게 제공할 수 있는 궁극적 혜택을 선별하라.

　　사업설명을 할 때, 당신의 특성으로 내세울 수 있는 하나의 궁극적 혜택만을 골라라. 사업상의 미래에 있어 근간이 될 이 하나의 궁극적 혜택에 비하면 상품은 부차적일 뿐이다. 여러분은 그것을 제공하는 사람으로서 알려질 것이고 앞으로 계속 그 혜택에 초점을 맞추게 될 것이다. 그렇다면 그것을 밝혀내기 위해 여러분이 소개하는 상품을 고객들이 사용하거나 사업에 동참해 결국 무엇을 얻을지 생각해보자. 그러기 위해서는 WIIFM(What's it in for me?-내게 돌아오는 것은 무엇인가?)이라는 질문이 필요하다.

"궁극적 혜택을 제시하라"

톰 슈라이터(Tom Schreiter)

경쟁자에 대해 연구하라

- 여러분이 제시할 수 있는 혜택을 정리한 후, 경쟁자가 제시할만한 혜택들에 눈을 돌려라.
- 주변에서 경쟁적 상황을 만들 수 있는 모든 요인을 인지하라. 이것은 강조해야 할 혜택 및 의문을 제기할만한 혜택들과 밀접한 관련이 있다.
- 경쟁자의 상품에 대해 알고 있으면 여러분이 가진 혜택을 보완하고 발전시킬 수 있다.
- 경쟁자들이 갖고 있지 않거나 그들이 가진 것보다 나은 혜택을 강조하라.
- 경쟁자들을 연구하면 그들이 제시하는 혜택이 무엇인지 알 수 있다.
- 경쟁자를 잘 알수록 여러분만이 가진 혜택을 효과적으로 사용할 수 있다.
- 사업설명을 할 때, 여러분의 상품이나 사업만이 가진 우수하거나 독자적인 혜택을 강조해야 한다.
- 예를 들어, 여러분의 대표적인 경쟁사 두 곳이 똑같이 더 싼 가격을 혜택으로 제시하더라도 여러분은 그 혜택을 고수해야 한다. 비록 더 이상 독자적 혜택은 아니지만 여전히 고객의 구매결정에 중요한 요인으로 작용하기 때문이다.
- 경쟁자들이 사용한다고 해서 당신이 쓰던 혜택들을 제외시켜선 안 된다.

프리젠터 강령

- 모든 가족을 내 가족처럼!
- 모든 여성을 내 어머니나 자매처럼!
- 모든 남성을 내 아버지나 형제처럼!

준비하라!
(보이스카우트 노래에 맞추어)

준비하라, 이것은 강연자의 행진곡.

준비하라, 연설을 통해 우리는 행진할지니.

준비하라, 침착하게 연설을 끝내기 위해.

팔 수 없는 물건이라면 팔려고 하지 말라.

매일 새로운 기분으로 시작하라.

준비하라, 자기회의에 빠지지 않기 위해.

준비하라, 당황하는 모습을 보이지 말라.

만일 그들에게 모두 보여주는 데 실패하고

상사에게 어떻게 됐냐는 질문을 들을 때,

변명할 거리가 없더라도 여러분은 할 말이 있다.

"저는 그들에게 생각할 여지를 남겨 놓았습니다.

하지만 전 준비했습니다. 다만 떨렸을 뿐입니다!"

패트리샤 프립(Patricia Fripp): "정신적으로, 논리적으로, 그리고 육체적으로 사업 설명을 준비하라"라고 조언한다. 구체적인 방법은 다음과 같다.

정신적으로:

우선, 연설 시간보다 훨씬 많은 시간을 준비하는 데 소요해야 한다는 사실을 인정하라. 평균 30분짜리 연설에는 3시간이 소요된다. 경험이 쌓여 매우 숙련된 강연자가 되었을 때는 때로 그 시간을 임의로 단축해도 무방하지만 그 전까지는 안 된다. 준비의 일부로서 연설의 처음과 끝부분(서너 문장 정도)을 외워버리는 것도 필요하다. 중요한 부분은 노트에 메모해 참고할 수 있더라도 처음과 끝부분을 암기하고 있으면 훨씬 유연하게 연설을 시작하고 끝맺을 수 있으므로 몹시 긴장한 상태라도 청중에게 좋은 인상을 줄 수 있다.

논리적으로:

연설 장소에 최대한 빨리 도착해 주변 환경을 눈에 익히도록 하라. 무대에서 연설하게 된다면 아무도 없는 아침에 도착해 무대와 친숙해져라. 그렇게 함으로써 연설 도중, 주위에 신경 쓰지 않고 청중에 집중할 수 있다.

육체적으로:

소회의의 경우, 탁월한 효과를 보장하는 사업설명의 기술 중에는 연설 전에 모든 청중과 돌아가며 악수를 나누고, 눈빛을 마주치는 방법이 있다. 좀더 큰 회의라면 최소한 맨 앞줄에 앉거나 문으로 들어오는 사람들과는 악수하는 것이 좋다. 개인적으로 접촉했다는 느낌은 그날 연설의 성공에 일조하게 될 것이다. 연설할 때, 사람들은 보통 청중 앞에서 당황하기 마련인데 이렇게 미리 만나 본 사람들 앞에서 연설하면 아무래도 덜 떨릴 것이다.

존 퍼만(John Fuhrman): "청중이 참여할 수 있는 요소를 만들라. 질문을 던져 대답을 큰 소리로 외치게 하고 몇 명을 무대로 올려 도움을 요청하라. 책이나 테이프 등의 상품을 나눠줘라. 그들을 참여시키면 여러분은 메시지 전달의 유리한 입장에 서게 된다"라고 말한다.

팁:
강아지의 꼬리에는 수많은 선전 문구들이 달려 있다.

사업설명자의 선서

- 나는 항상 진실을 말하며 그대로 실행한다.
- 나는 항상 최고에만 관심을 가지며 최고만을 선전한다.
- 나는 내가 저지른 과거의 실수는 너그럽게 용서한다.
- 나는 이 세상에서 내가 바라는 것을 모두 가지고 있다.

의사소통의 요소

사람들이 이해하며 들을 때, 비로소 의사소통은 이루어진다. 사업설명을 시작함과 동시에 여러분은 청중의 30%를, 이어지는 몇 분 동안 또 다른 30%를 잃는다. 즉, 사업설명이 시작된 지 10분 안에 청중의 10분의 6 정도는 흥미를 잃거나 적개심을 가진다는 것이다. 성공적인 사업설명 여부는 얼마나 많은 청중이 끝까지 관심을 가지고 들어주는가에 달려 있다. 이와 관련해 사업설명을 할 때, 유의할 점은 다음과 같다.

사람들이 사물을 인지하는 방법:

미각을 통해 1%

촉감을 통해 2%

후각을 통해 4%

청각을 통해 10%

시각을 통해 83%

사람들이 기억하는 양:

읽은 것의 10%

들은 것의 20%

본 것의 30%

보며 들은 것의 50%

말하거나 쓴 것의 70%

뭔가를 하면서 말한 것의 90%

청중이 50%만 기억하고 있다면 당신은 성공한 사업설명자이다.

사람들이 사업설명을 판단하는 세 가지 요소:

여러분이 한 말에 7%

여러분의 목소리에 38%

여러분의 보디랭귀지에 55%

이 말은 곧 여러분이 하는 말보다 말하는 방법이 중요하다는 얘기다.

훌륭한 프리젠테이션의 특성

- 새롭다
- 뭔가를 보장한다
- 결정적인 요소가 있다
- 이야기로 목적을 달성한다

프리젠테이션을 준비할 때, 기초해야 할 단어들

- 수용적 태도-사람들은 여러분이 거만한 태도로 말하는 것을 바라지 않는다.
- 성취-성취나 보상에 대해 반드시 언급하라.
- 애정-누구나 사랑받고 싶어 하고, 소중히 여겨지고 싶어 하며, 감정적으로 누군가 자신을 필요로 해주길 원한다. 이 감정을 간과하지 말고 와줘서 정말 기쁘다고 그들에게 말하라.
- 인정-사람들은 인정받기를 원한다.
- 소속감-'소속'이란 단어를 반복해 사용하라.
- 적합성-사람들은 자신이 어딘가에 적합한 인물이길 원한다.
- 의존-사람들은 새로운 기술을 배우는 동안은 의존적이며 익힌 후는 독립적이 되고 싶어 한다. 언제 보내줘야 하는지 알도록 하라.
- 인식-사람들은 자신의 존재가 인식이 되고, 존경을 받으며, 가치를 부여받기를 원한다. 사업설명을 할 때, 그들의 이름을 불러줘라.

- 통제의 느낌-사람들이 어떻게 조화를 이루는지에 대한 것(가계도나 조직도 같은 것)
- 개방성의 느낌-그들이 얼마나 자신이 조화롭게 어울린다고 생각하는지에 대한 것
- 중요성의 느낌-여러분의 이벤트에 동참하고 역할을 수행하고 있다는 기분

사람들이 여러분의 말을 듣는 방법

사람들마다 정보를 받아들이는 방법은 다르다. 따라서 정보를 전달하고자 할 때, 이 한 가지 질문을 염두에 둬야 한다.

"이 사람들이 어떤 방식으로 듣는가?"

- 수용적-어떤 형태의 설명에도 열심히 귀를 기울이고 반응을 보인다.
- 감정적-호응하고 개방적으로 들으며 유연한 태도로 수용한다.
- 듣는 쪽-듣기만 하는 사람. 여러분은 할 말을 하면 된다.
- 가정을 좋아하는 사람-나름대로 상상하며 듣는다. 질문을 하며 들은 것을 스스로 정리한다.
- 움직이는 쪽-느끼고 접촉해야 마음이 움직이는 사람. 감정에 따라 결정을 내린다.
- 수치형-경험에 의해 결정한다. 세부적인 것에서부터 생각하며 논리에 의해 움직인다. 통계와 수치를 보여주면 좋다.
- 이성적-이론적으로 기초를 쌓고 조심스럽게 계획해 논리를 발전시킨다.
- 시각적-보는 것에 기초해 결정을 내린다.

사람들이 특정 표현을 받아들이는 단계별 종류

- 나는 그 일이 쉬울 거라고 말한 적이 없다.
- 나는 절대로 그 일이 쉬울 거라고 말한 적이 없다.
- 나는 그 일이 쉬울 거라고 말한 적은 없다.
- 나는 그 일에 대해서는 쉬울 거라고 말한 적이 없다.
- 나는 그 일이 쉬울 것 같다고 말한 적이 없다.
- 나는 그 일이 쉬울 거라고 말한 적이 없다.

사람들이 경청하도록 만드는 방법

- 화내거나 흥분하지 말고 다른 의견이 존재할 수 있음을 받아들여라.
- 그들에게 감사를 표하라.
- 감명을 줘라.
- 적극적으로 행동하라.
- 신뢰를 줘라.
- 으스대지 말라.
- 맹세를 남발하지 말라.
- 공과 사를 구별하라.
- 다른 사람들이 말하는 도중에 끼어들지 말라.
- 냉소적인 태도를 버려라.
- 청중을 의사결정에 개입시켜라.
- 개인적이면서도 공공적인 인식을 심어줘라.
- 그들 개인의 발전에 필요하며 꿈과 이상을 실현시켜줄 정보를 제공하라.
- 명령하지 말고 여러분의 생각을 질문 형태로 제시해 청중 스스로가 생각하도록 만들라. 대부분의 사람들은 물건을 팔아주기를 강요당하면 사지 않는다. 여러분은 그들 스스로 구매하도록 만들어야 한다.
- 여러분이 그들 자신의 존재를 인식하고 있음을 느끼도록 만들라.
- 그들의 존재가 의미 있음을 말해줘라.
- 모두 감사함을 느끼도록 만들라.
- 누구나 여러분이 제시하는 것을 할 수 있다고 느끼도록 만들라.
- 개인적인 요구에 부응하라.
- 개인적인 성장을 위한 기회를 제공하라.
- 열의에 불탈 수 있는 무대를 마련해줘라.
- 그들에게 이 자리로 인해 뭔가 확실히 변한 것이 있다고 말해줘라.

"자신의 이미지를 구축 하기 위해 계속 노력하라."

-밥 메가 웹(Bob Mega Webb)

여러분의 프리젠테이션을 듣는 지도자들이 원하는 것들:

자신감:
- 주어진 임무에 대해 신뢰를 얻는 것
- '어떻게 그 일을 해냈는지' 성과를 듣는 것

인정받고 감사의 표현을 얻는 것:
- 수고와 아이디어, 그리고 일을 인정받는 것
- 한 개인으로서 인식이 되고, 이해를 받고, 관심을 받는 것

소속감:
- 그들에게 영향을 미치는 결정들을 공유할 수 있는 것
- 적합한 정보를 때맞춰 제공받는 것
- 개인적인 감정으로서의 소속감을 느끼는 것
- 위협받지 않고 자유롭게 질문할 수 있는 것

도전:
- 뭔가 창조하고, 밝혀내고, 또 그것에 맞서는 것
- 새로운 기회를 부여받고 변화하는 것

성취욕구가 강한 사람들이 듣고 싶어 하는 말들:
- 최선을 다하는 한, 성공할 수 있다는 확신을 심어주는 말들
- 즉각적이고 명확한 피드백
- 긍정적인 관계를 맺을 기회가 있다는 말
- 어떤 의사결정 과정에 참여할 수 있다는 말

- 그들 자신이 회사나 팀, 또는 조직을 세우는 데 일익을 담당했거나 최소한 뭔가 도움을 준 존재로 가치가 주어진다는 말
- 그들 자신의 성공과 실패에 똑같이 책임을 져야 한다는 말

캐시 워커(Cathy Walker)는 다음과 같이 말했다: "청중에게 질문을 한 후, 나는 언제나 우리는 멋진 관계를 발전시켜 나갈 수 있으며 만일 함께 한다면 절대 실패하지 않도록 하겠다는 점을 강조하죠."

집단에 대한 사람들의 느낌

집단에 대한 사람들의 보편적인 느낌은 다음과 같다.

- 유능한 사람이 되고 싶다.
- 자유롭고 싶다.
- 순응하기보다는 다양성을 추구하고 싶다.
- 가치를 인정받고 싶다.
- 집단의 규칙에 따라 움직이고 싶다.

프리젠테이션을 기억하기 쉽도록 만드는 방법

- 매 다섯 문장을 말한 후, 질문을 하라.
- 긴 문장을 삼가라.
- 불필요한 단어들은 빼라.
- 연설만 계속하지 말고 질문을 던져라.
- 이야기해줄 만한 것이 있으면 남의 말을 인용하지 말라.
- '그리고', '하지만', '그러나' 등의 말들을 문장 중간에 자주 사용하고 싶다면 문장 맨 끝에 사용하라. "내 말이 무슨 말인지 아시죠?" 등의 말은 하지 말고 계속 진행하라.
- 생각들을 정리하고 청중을 늘 생각하라.
- 짧은 문장이 알아듣기 쉽다.
- 웃어라.

- 누가 청중이며 그들이 듣는 것이 뭔지 생각하라.

프리젠테이션의 핵심요소

- 여러분이 하는 말들이 곧 여러분의 의견임을 명심하라.
- 그 얘기가 여러분 자신에게 어떻게 들리는지는 중요하지 않다. 청중에게 어떻게 들릴지를 생각하라.
- 자신의 감정을 조절하라.
- 청중을 응시하라.
- 그들의 입장에서 생각하라.
- 분명하고 큰 목소리로 말하되, 목에 무리가 가지 않도록 하라.
- 확신을 가지고 말하라.
- 자신의 기준에 따라 조절해 말하라.
- 논리적으로 말하라.
- 정확한 용어를 사용하라.

팁:

엉망(mess)으로 만들지 말고 메시지(message)를 전달하라.

사업설명자의 선서

- 내가 하는 모두가 10배가 되어 내게 돌아온다.
- 나는 돈을 끌어당기는 자석과 같은 능력이 있는 사람이다. 내 지갑과 주머니는 내가 필요로 하는 돈을 긁어모으는 능력이 있다.
- 이제 나는 예상했던 것이든 아니든 내게 들어오는 돈을 겸허히 받아들일 준비가 되어 있다.
- 나는 발전하고 있으며 내가 주는 만큼 돌아온다.

프리젠테이션을 할 때, 성가신 사람들의 유형

- 모든 사람이 자신의 방식만을 따르도록 강요하는 사람
- 강연 도중, 갑자기 주제를 바꾸는 사람
- 가방을 뒤지는 사람
- 혼자서만 지껄이는 사람
- 직접적으로 대답하지 않고 빙빙 돌려 대답하는 사람
- 끼어드는 사람
- 나누려고 하지 않고 혼자 모든 것을 하려고 하는 사람
- 자신의 의견을 때맞춰 말하지 않고 나중에 가서야 불만을 토로하는 사람
- 물컵으로 장난하는 사람
- 딴 사람 앞에서 무시하는 말을 하는 사람
- 종이나 사탕 포장지를 부스럭거리는 사람
- 펜을 두들기는 사람
- 사람들에게 "걱정 말아요"라고 말하는 사람
- 빨리 끝내라고 눈치를 주는 사람

무시무시한 찰리 존스는 다음과 같이 말했다:

"청중이 듣기보다는 생각을 많이 할 수 있도록 해줘라. 그들이 계속 자료를 읽고, 행동을 공유하도록 해줘라. 여러분이 그들의 인생을 바꿔놓은 책자를 권한 사람이 된다면 그들 기억 속에 영원히 남을 것이다. 나 또한 내 인생의 일부가 된, 책 한 권을 권해 인생에서 가장 소중한 부분들을 겪을 수 있도록 해준 어떤 이와 함께 그 기쁨을 나누고 싶다."

오늘의 여러분은 5년 뒤의 자신과 단 두 가지만 빼면 완전히 똑같은 사람일 것이다. 그리고 그 두 가지의 차이는 여러분이 누구를 만나며 무슨 책을 읽는가에 달려 있다.

여러분에게 맞는 주제를 찾는 데 필요한 질문들

- 내 생각이 다른 사람들에게 흥미롭게 들릴 것인가?
- 내가 가진 시스템 중 이미 검증된 것은 무엇이며 그 중에서 다른 사람에게도 효과적

일 것은 무엇인가?

- 내가 미팅 기획자라면 나 같은 사람에게 연설을 맡길 것인가?
- 나의 관심사는 무엇인가?
- 내가 적극적으로 흥미를 느낄 수 있는 주제는 무엇인가?
- 어떤 분야의 전문가가 되고 싶다면 그 분야는 무엇인가?
- 그리고 그 분야의 전문가가 되려면 어떤 직업을 가져야 하는가?
- 여기 이 주제의 전문가는 누구인가? 그로부터 배울 수 있는 가장 중요한 것은 무엇인가?

그 다음 해야 할 일들

- 여러분의 주제에 한해서는 전문가가 되라. 자신의 분야를 개척하라.
- 잡지나 신문 등에서 관련기사를 수집하라.
- 여러분이 준비하는 주제에 대해 각종 정보를 수집?정리하고 스캔을 해 보관하라.
- 유머(이 책에 소개된 것과 같은)들을 수집하라.
- 써먹을 수 있는 이야기들도 수집하라.
- 아이디어 창출을 위해 인터넷에서 관련 내용을 검색하라.
- 그 분야의 전문가를 찾아라.
- 당신만의 도서관을 만들라: 관련서적을 찾아라.

질문하기

아브존 올니스는 "명심할 것은 질문을 통해 청중이 원하는 것을 끌어내고 그것을 이룰 방법을 제시해야 한다는 것이다"라고 했다.

- 질문 자체가 여러분이 말하고자 하는 바를 요약하고 있어야 한다.
- 사업설명을 하면서 질문하는 것은 고객이 잘 이해하고 있는지 확인하는 것이며 여러분이 제시하는 상품이 자신에게 적합하다는 인상을 심어주기 위해서이다.
- 고객이 줄곧 긍정적인 반응을 보이면 맨 마지막에 강력한 단언을 하는 것에 대한 부담이 줄어들 것이다.
- 고개를 크게 끄떡여라. 여러분이 그렇게 하면 고객은 따라할 것이고 그 동작은 여러

분의 말을 지금 잘 듣고, 이해하고 있다는 증거다.

- 질문에 대한 대답으로 미루어 이후의 사업설명을 어떻게 전개할지 결정할 수 있다.
- 고객이 동의하는 빈도가 많아질수록 마지막에 거절하기는 어려울 것이다.

참여를 유도하기

사업설명에 청중(고객)을 참여시키기로 했다면 다음 중에서 무엇으로 할 것인지 선택하라.

- 자유 연상: 창의성을 유발시키기 위한 일련의 과정
- 버즈 그룹: 토의그룹 reach consensus
- 사례 연구: 가상의 상황을 만든다.
- 토의: 사업설명자가 조정자로 나선다.
- Dyads, Triads: 두세 명이 임무를 수행한다.
- Powerpods: 몇 명씩의 소그룹들이 있고 Powerpod인 사업설명자가 이 pod에서 저 pod로 옮겨 다닌다(사람들은 자신의 그룹 내에 머문다).
- 역할 연극: 참여자들이 주어진 상황을 연기한다.

팁:

- 사업설명 도중 틈틈이 반드시 질문을 던져라.
- 청중을 참여시켜 행동을 유도하라.
- 사업설명은 짧게 하라.
- 가능한 한, 극적인 진행을 하라.

뭔가 새로운 것이 필요할 때, 적합한 프리젠테이션 방법

- 수용하기: 이것과 관련된 것은 무엇이 있으며 여기서 도출해낼 수 있는 아이디어는? 무엇을, 누구에게 복제시킬 것인가? 등에 관련된 사항
- 조합: 아이디어를? 힘을? 아니면 목적을 결합시켜 새로운 것을 창출할 것인가?
- 확대: 비용, 빈도, 만족감, 길이, 상품의 양, 강도, 두께 등 여러 요소 중에서 무엇을 증대시킬 것인가?

- 축소: 농축할 것인가? 중량, 크기, 길이 등을 줄일 것인가? 둘로 나눌 것인가? 요약할 것인가? 아니면 아예 빼버릴 것인가? 등의 문제
- 개조: 색깔, 모양, 의미, 움직임, 냄새 등을 바꿀 것인가? 아니면 아예 전혀 다르게만들 것인가?
- 재정리: 다른 관점에서도 볼 수는 없을까? 좀 천천히 진행해보면? 일정을 바꿔보면 어떨까?
- 전환: 반대로 생각하거나 역할이나 순서를 바꿔보면 어떨까?
- 대체: 내용, 절차, 장소 등을 바꿔볼까? 목소리의 톤을 바꿔볼까? 그 외에 또?

이 일의 장점들

- 유연한 스케줄 속에서 삶을 스스로 통제하며 일할 수 있도록 해준다.
- 다른 사람들이 목표를 성취하는 데 도움이 될 수 있다.
- 여행도 할 수 있으며 대인관계도 넓어진다.
- 돈보다 소중한 그 뭔가를 가져다준다.
- 이 일 자체가 훌륭한 직업이며 그것은 수시로 변화해 새롭다.
- 무엇보다 재미있으면서 창조적인 활동이 수반된다.
- 성과에 따른 보상도 확실하다.
- 언제나 여러분 주위에 사람들이 넘치도록 한다.
- 결과에 대해 책임을 지도록 만든다.
- 불굴의 의지와 인내를 경험하도록 해준다.
- 이 일은 가족의 뒷받침과 자제력 없이는 불가능하지만 이 일로 인해 자신보다 남을 먼저 생각하게 된다.
- 잘못과 의심을 극복하는 법을 배울 수 있다.

완벽한 프리젠테이션 장소 준비를 위한 체크 리스트

- 들어오는 문을 제외하고는 바깥에 '출입금지' 안내문을 부착할 것
- 화장실은 바깥에 위치할 것
- 정리정돈이 되어 있을 것

- 참석자들이 필기할 수 있도록 의자를 준비할 것
- 원탁이 아닌 교실용 일자형 탁자를 준비할 것
- 진행에 필요한 물품들
  - 강단 위에서 기댈 수 있는 걸상용 막대
  - 접는 차트
  - 휴대용 마이크
  - 평가표
  - 벽걸이 프로젝터
  - 접수처용 탁자
  - 이동 스크린
  - (강단 위에) 소지품을 놓을 수 있는 탁자
  - 도서 및 테이프 상품 현장 판매용 탁자
  - 상품 전시용 탁자
  - 사업설명 전, 먹을 음식(별실에 준비)
  - 조명
  - 청중은 뒷문으로만 입장하도록 통제
  - 물은 손이 닿는 위치에 충분히 준비할 것
  - '문지기'들이 출입구 앞을 관리할 것
- 전등 스위치의 위치를 확인할 것
- 비상구의 위치를 확인할 것
- 재차 확인할 사항
  - 뒤쪽에 입장할 문이 있는가?
  - 돈과 주문서는 안전하게 보관하고 있는가?
  - 주문서 준비
  - 계산기 충분히 구비
- 매 30분마다 사람들을 움직이도록 할 것. 몸을 잠깐씩 풀어주는 것이 중요하다.
- 음악도 미리 준비해 음량조절이 가능하도록 할 것
- 사탕을 청중에게 던지는 행위를 삼갈 것. 사탕은 탁자 끝에 놓아둬라.

- 포장된 사탕은 포장을 벗길 때, 소리가 나므로 삼가.
- 강연장 내에는 기둥이 없도록 할 것(누군가의 시야를 가리므로)
- 맨 먼저 옆방에서 누가 강연하게 될지 체크하라. 일요 노인학교 같은 데서 부르는 어설픈 노래 소음 속에서 연설하고 싶지는 않을 것이다.
- 접수 인원보다 약간 적게 의자를 준비하라. 방안에 빈 의자가 남지 않도록 하라. 사람들이 새로 오면 뒤쪽부터 착석시킬 것
- 가능한 많이 강연장 준비를 할 것
- 탁자 위에 물통 구비
- 창문은 언제나 커튼으로 가려 빛을 차단할 것

단어를 골라 사용하기

사람들이 모두 예절바르고 따뜻한 말만 쓴다면 세상은 좀더 좋아질 것이며 비판은 사라지고 칭찬이 가득한 세상이 될 것이다. 다음에 열거한 말들은 사람들을 가슴 깊이 감동시키고 또 타인에게도 그 감동이 전파될 수 있는 것들이다. 사악하고, 비열하며, 불친절한 말들 대신, 친절한 말들을 채워 넣어라. 여러분의 사업설명을 좀더 현명하고 기억에 남는 것으로 만들고 싶다면 누군가 이미 말했던 것들이지만 이 가이드를 참조하라. 그리고 인용할 수 있는 좋은 말들을 찾아 암기하라. 여러분이 택하는 말들이 큰 차이를 낳는다. 그 차이는 곧 청중이 울고, 웃고, 구매하는가의 여부이다.

팁:

이 장의 맨 끝에는 방대한 양의 좋은 말 목록이 곁들여져 있다.

'But' 이란 'Behold Underlying Thoughts(행간을 읽어라)' 의 약자이다.

큰 효과를 창출해낼 수 있는 말을 사용하라

- 사업설명 도중에 쓰는 말들은 100% 숙지하고 있어야 한다.
- 회사에서 자주 사용하는 말, 몇 개를 알고 있어라.
- 발음을 정확히 하라.

- 문장은 짧고 단순히 만들어라.
- 강연 도중에 비주얼이 얼마나 많이 포함되든지 간에 전달하고자 하는 핵심 메시지는 말로 전달해야 한다는 것을 명심하라.
- 한번 고객으로부터 '그렇다' 라는 대답을 끌어내는 데 성공하면 한두 질문 후에는 구매하겠다는 대답을 들을 수 있을 것이다.
- 여러분의 상품에 주는 혜택을 설명할 수 있는 단어들을 쭉 정리해둬라.
- 단순하고 분명한 단어를 주의해 골라라.
- 연설 기술과 적절한 단어 선정으로 여러분은 판매 챔피언이 될 수 있다.
- 적절한 시기에 사용하는 적절한 말 몇 마디가 곧바로 판매와 직결된다.
- 여러분이 올렸던 지금까지의 실적과 관계되는 이야기를 할 때는 신중해야 한다.
- 선명하고 인상적인 단어를 사용하라.
- 적절한 단어를 사용할 때, 여러분은 당신이 원하는 바를 고객의 머릿속에 효과적으로 그려줄 수 있다.
- 시간을 들여 단어 목록을 작성해 여러분이 팔고자 하는 것이 무엇인지 고객이 상상할 수 있도록 하라.
- 그 단어들은 생생하고, 살아있으며, 들었을 때, 그림이 그려지는 것이면 더 좋다.
- 확신을 심어주는 것이어야 한다.

프리젠테이션에 쓸 중요한 어구의 개발
- 제 느낌으로는…
- 제 느낌으로는 당신이…
- 제가 보기로는…
- 제가 보기로는 당신이…
- 제 생각으로는…
- 제 생각으로는 당신이…
- 바라건대…
- 바라건대 당신이 …를 알아주셨으면 합니다.

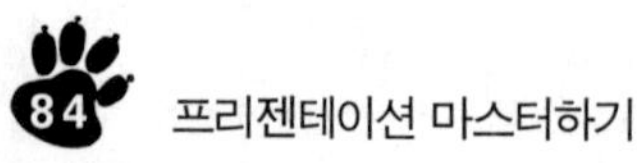

한 걸음 나아가

- 제 느낌으로는 당신이 훌륭한 말솜씨를 가지고는 있는데 발휘를 하지 못 하고 있는 것 같습니다.
- 제가 보기로는 카탈로그를 한번 훑어보신 것 같습니다.
- 제 생각엔 저희 사업에 동참하시는 문제에 대해 한번 토의를 해볼 필요가 있는 것 같습니다.
- 바라건대 저희 팀에 들어오시는 것에 대해 한번 고려해주셨으면 합니다.

팁:

너무 기술 위주로 진행하지 않도록 조심하라. 특히, 단어 면에서 너무 말이 번지르르하면 고객은 오히려 흥미를 잃을 수 있다. 여러분의 진짜 목적은 상품의 장점을 알리는 것임을 잊지 말라.

기본적인 어구들

이 말들을 사용하면 인기와 은행 잔고가 나날이 늘어가는 것을 느낄 수 있을 것이다! 이 기본적인 어구들은 청중이 특별한 대우를 받고 있다고 느끼도록 해준다.

- 당신 정도의 신분에 있는 사람: 사람들은 특별한 신분이기를 원한다.
- 물론 알고 계시겠지만: 방대한 지식을 암시한다.
- 당신의 특별한 지식 때문에: 기술과 전문역량을 암시한다.
- 충고해주셨으면 좋겠습니다: 지혜가 뛰어남을 암시한다.
- 숙고하셔서 의견을 말씀해주십시오.
- …해주신다면 정말로 감사하겠습니다: 고객이 거절이나 승낙의 권한을 가지고 있음을 암시한다.
- …해도 될까요?: 청자의 권위를 암시하며 그 권위를 요청하는 표현이다.
- 부탁드립니다: 인간관계에 있어 필수불가결한 단어이다.
- 바쁜 중 짬을 내주셔서: 청자가 바쁘고 중요한 인물임을 암시한다.
- 지당하신 말씀입니다: 칭찬과 격려

CEO 앞에서 프리젠테이션을 할 때, 적절한 말들

기업 대표들 앞에서 강연을 한다면 다음과 같은 말들을 쓰도록 하라.

<table>
<tr><td>

- 재능을 끈다
- 순이익
- 개념 중심적
- 결정
- 감독한다
- 효과적인
- 목표 중심적
- 이익을 증대한다
- 장기적 계획자
- 자원을 관리한다

</td><td>

- 중재한다
- 임무 중심적
- 내/외부적 정책의 작용
- 조직을 대표
- 전체를 본다
- 환경을 연구한다
- 종합적으로 다룬다
- 사려 깊은
- 사원을 일에 이용한다
- 미래를 바라보며 일을 한다 등등

</td></tr>
</table>

소비자 신용조합의 임원들 앞에서 강연할 때는 '고객들'이란 용어 대신, '회원들'을 쓰고, 네트워크마케터들 앞에서는 '요원들', '배포자(distributor)', '팀', '컨설턴트', '회원들', '동료들', '고객들' 등의 용어를 써라.

'여러분'과 '우리'란 용어를 사용하라:

- '우리'와 '너희'의 관점에서 사람들에게 접근하라. 그들에게 '여러분'의 팀에서 활동할 여지를 남겨놓으라는 것이다. '우리', '우리의', '우리를', 그리고 '여러분'이란 용어를 사용해 그들을 당신 편에 서도록 만들라. 다른 사람들이 망원경 저 너머 볼 수 있도록 해주고 그들이 얻을 수 있는 인생이 얼마나 광범위한 것인지 깨닫도록 하라.
- '여러분'이란 용어를 극대화하고 '나'란 단어를 최소화하라.
- '여러분'을 많이, '나'를 조금 사용하라.
- '당신'이 아닌 '다른 사람들'이 얻게 될 것에 초점을 맞춰라.
- 여러분이 말하는 대로 '다른 사람들'이 할 때, 어떤 것을 얻을 수 있는지에 초점을

맞춰라. 그리고 고객이 탐낼만한 상품들을 계속 제시하라.

- 역사상 위대했던 사업설명자는 설득하는 사람에 가까웠으며 '우리' 라는 단순한 말을 써 큰 효과를 낼 수 있음을 알고 있었다.
- '나' 보다 '여러분' 을 먼저 생각하라.
- '여러분' 과 '우리들' 은 따로 있을 때보다 함께 할 때, 더 강해진다.
- '여러분' 과 '우리들' 은 함께 있을 때, 성공할 수 있다.

사업설명자의 선서

- 나는 승리한다!
- 나는 건강하고, 부유하며, 성공한 사람이다!
- 나는 튼튼하고 정돈되어 있다!
- 나는 여유 있고 마음은 평화롭다!
- 나는 내 자신에 만족한다!
- 나는 완전히 그리고 자유자재로 이것들을 다 양도하고 내게 베풀어준 은혜에 감사할 것이다.
- 나는 내게 불친절한 사람들을 완전히 용서하고 더 이상 신경 쓰지 않겠다.
- 내게 일어나는 좋은 일들은 모두 내 덕이다.
- 내게 도움이 되지 않는 것들을 군이 갖고 있을 필요는 없다. 더 큰 발전을 위해 깨끗이 포기하겠다.
- 나는 인생의 풍요를 맘껏 누리고 있다!
- 나는 오늘 내가 원하고 또 당연히 가져야 할 인생을 창조하기로 결심했다!
- 나는 지난 모든 병치레를 떨치고 최고의 건강한 신체를 갖도록 노력한다.
- 나는 지난 부정적 관계를 모두 청산하고 새로운 긍정적인 관계를 쌓아갈 것이다.
- 나는 훌륭하고 다정한 사람이다!
- 나는 내 인생에 필요한 새로운 요소들을 기꺼이 받아들일 것이다.

- '여러분'이란 우리가 알고 있는 가장 강력한 단어이며 '우리'란 그 다음으로 강력하다. '나'란 가장 약하고 보잘것없는 단어이다.
- '여러분'은 '나'보다 중요하다.
- '여러분'과 '우리'를 사용하는 여러분들은 '나'를 사용하는 사람들보다 더 나은 인생을 살 수 있을 것이다. 여러분이 겪고 있는 그 뭔가는 다른 사람들이 그들에게 일어날 것이라고 생각하는 그 어떤 일의 절반도 중요하지 않다!

여기 최고의 예가 있다. 링컨 대통령의 게티스버그 연설에서 인용한 문장들인데 매 문장마다 '우리'로 점철되어 있다.

"80년 하고도 4년 전에 우리의 조상님들은 이 대륙에 새로운 국가를 건설하셨습니다… 이제 우리는 남북전쟁에 휘말리고 있습니다… 우리는 여기 전쟁터에서 서로 만났습니다. 우리는 그 영토의 일부를 바쳐야만 합니다… 그리고 그것은 우리가 해야만 하는 일입니다… 세계는 우리가 여기서 말하는 것에 지금은 별로 신경을 쓰지 않겠지만 앞으로 오랫동안 기억하게 될 것입니다…"

링컨 대통령은 여기서 '우리'란 단어를 10번이나 쓰고 있다. 물론, '우리의' 두 번과 '우리를' 두 번을 포함해서 말이다. 그리고 '나'라는 단어는 단 한 번도 사용하지 않았다. 생각해보라. 한 연설에 이렇게 많은 '우리'와 '우리의', 그리고 '우리를'이 들어갔는데도 연설 시간은 단 4분이었다.

아랍 속담: "내가 유리하다고 들으면 다른 사람이 유리하다고 말하라."
역시 아랍 속담: "마음이 넓어지면 말은 적어진다."
스페인 속담: "생선은 입을 벌리고 죽는다."

곤란에 처한 사람을 돕는 한 마디는 종종 철길의 스위치와도 같은 역할을 한다. 그러나 동시에 그것은 성공과 패배의 갈림길 역할을 한다.

고객들의 기본적 욕구

사람들은 다음 네 가지를 열망한다. 그들은 이 네 가지를 충족시키기 위해 훔치고, 투자하고, 살인하고, 사랑하고, 죽고, 저축하고, 노력하고, 열심히 일하고, 음모를 꾸미고, 도박도 한다. 따라서 여러분이 나타나 저렴한 비용에 쉬운 방법으로 살인이나 죽음이란 대가를 치르지 않고서도 이것들을 얻을 수 있으며 그들은 이 네 가지 혜택을 평생 누릴 수 있음을 보여준다면 그들은 즉시 여러분의 말을 따를 것이다. 구걸하는 태도가 아닌, 거래하는 태도로 그들에게 이런 욕구를 불러일으켜 즐겁게 거래하도록 하라. 돈을 버는 것, 안전, 타인을 모방하는 것, 사랑, 로맨스, 여행 등 다른 욕구들도 많이 있지만 이 네 가지 기본적인 욕구에만 충실하면 여러분이 매일 만나는 사람의 85%는 만족시킬 수 있을 것이다. 시장은 여러분 앞에 활짝 열려있다! 다음의 네 가지 기본 욕구들을 이용해 사람들을 애타게 만들어라.

1. **자신이 중요하게 여겨지는 것**: 자신이 중요하게 생각되고 있다는 느낌을 팔라!

2. **감사받고 있다고 느껴지는 것**: 감사와 존중을 팔라!

3. **다른 사람에게 사랑받고 있다고 느껴지는 것**: 사랑받고 있다는 느낌을 팔라!

4. **사람들은 게으름 피우고 대충대충 하려는 경향이 있다**: 인생에서 한 걸음 쉬어갈 수 있는 여유를 팔라!

남에게 자신이 어떤 문제에 대해 진지하다고 느끼도록 하는 말들

- 며칠 전에 말씀하셨듯이…
- 당신이 의미한 바와 같이…
- 말씀하신 대로…
- 그런 당신의 의견에 동감합니다.
- 무슨 말씀을 하시는지 알겠습니다.
- 지난번 말씀하신 대로…

- 요전에 제게 일깨워주신 것 말인데…
- 당신 의견이 물론 옳습니다.
- 당신이 말씀하시길…

'알리바바와 40인의 도둑'과 같은 시대는 이미 지났고 어떤 아첨이나 말로도 친구를 만들 수는 없다. 그러나 여러분은 말로써 더 큰 힘을 가지고 있다. 그것은 사람들이 자의로, 그리고 신속히 여러분이 원하는 일을 하도록 만드는 힘이다.

 프리젠테이션 마스터하기

Chapter 4

프리젠테이션
Presentations

프리젠테이션 마스터를 위한 백만 달러짜리 아이디어

Chapter 4

프리젠테이션

역할을 받아들여라 프리젠테이션:

풋볼에서 모든 선수가 다 쿼터백이 될 수 있는 것은 아니다. 팀이 성공하려면 워터 보이에서부터 코치에 이르기까지 모든 사람이 다 중요하다.

다이아몬드 밭 프리젠테이션:

아프리카에 한 농부가 살고 있었는데 아프리카 다른 지역에서 다이아몬드가 발견되었다는 이야기를 들었다. 그는 농장을 팔았으며 다이아몬드를 발견하기 전에 죽고 말았다. 밭을 산 사람은 벽난로 외벽에 아름다운 골동품을 갖고 있었다. 하루는 그의 친구가 그것이 무엇인지 묻자 그는 이렇게 대답했다. "내 밭에 가면 천지야." 골동품이 다이아몬드라는 것이 밝혀졌다. 첫 번째 농부는 그가 갖고 있는 것이 무엇인지 알아보지도 않고 더 좋은 것을 찾아보려고 밭을 팔아버리는 실수를 저질렀다.

아버지의 프리젠테이션:

"어떤 사람들은 하루 종일 일만 하는가 하면 어떤 사람들은 하루 종일 꿈만 꾸고, 어떤 사람들은 한 시간 정도의 꿈을 꾼 뒤 나머지 시간에는 그 꿈을 실현시키기 위해 노력한다. 여기서 "세 번째 부류의 사람이 되도록 하라. 실제로 거기에는 경쟁자가 없기 때문이다"라고 아버지는 말했다.

낚시 여행 프리젠테이션:

하루 종일 낚시를 하고 있다고 가정해보라. 다섯 마리를 잡았는데 그것은 여러분이 잡고 싶어 했던 숫자이다. 강둑에서 잠깐 조는 사이, 두 마리가 도망갔다. 그때 여러분의 가장 친한 친구가 왔는데 몹시 배가 고픈 상태여서 고기 한 마리를 그에게 준다. 이야기를 나누고 있는 동안 고양이가 살금살금 다가와서 한 마리를 물고 달아나 버린다. 이제 남은 것을 한 마리뿐이다. 여러분은 자신의 인생이 가장 값진 한 가지를 위해 시간을 보내고 있는지 확인하기 위해 무엇을 할 수 있는가?

아메리카 인디언 프리젠테이션:

환경을 대신해 만들어진 다음과 같은 아름답고 예언적인 프리젠테이션은 실트(시애틀) 추장에게 바쳐졌으며 그것은 그로 하여금 지구를 염려하는 모든 사람들의 생각과 양심에 그의 뜻을 전하면서 환경 운동의 민족적인 영웅이 되게 하였다. 1854년 12월에 태평양 북서쪽에 있는 미국 본토 2백만 에이커를 사겠다고 미국 정부에서 제언한 것에 대해 실트(시애틀) 추장은 프랭클린 피어스 대통령에게 다음과 같이 답변했다고 전해진다.

어떻게 땅을 사고 팔 수 있습니까?

"워싱턴에 있는 위대한 추장은 우리의 땅을 사겠다는 말을 전합니다. 위대한 추장은 우리에게 우정과 호의의 말도 전합니다. 우리는 그가 우리의 우정을 필요로 하지 않는다는 것을 압니다. 그러나 우리는 그의 제안을 고려해보겠습니다.

어떻게 하늘과 지구의 따뜻함을 사고 팔 수 있습니까? 그 아이디어는 우리에게 낯선

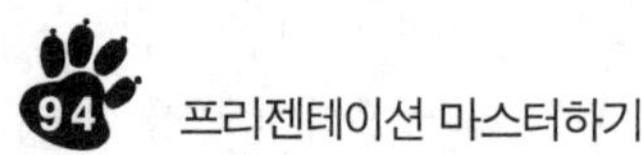

것입니다. 공기가 신선하지 않고 물에 생기가 없다면 어떻게 그것을 살 수 있습니까? 이 땅은 어느 곳이든 나의 백성에게 신성한 곳입니다. 반짝이는 모든 솔잎, 모든 모래언덕, 울창한 숲의 안개, 모든 개척지, 모든 벌레는 나의 백성의 기억과 경험에서 신성한 것입니다. 나무 사이를 흐르는 생기는 우리의 기억을 간직하고 있습니다. 그러므로 워싱턴에 있는 위대한 추장이 우리의 땅을 사겠다고 하는 말은 우리의 많은 것을 사겠다고 하는 것입니다…

　우리는 다음과 같은 것을 알고 있습니다. 모든 것은 연관이 있습니다. 이 땅에서 생기는 일은 어떤 것이든 땅의 아들에게도 생깁니다. 인간은 생명의 그물을 짜지 못 합니다. 다만 그 안에서 작은 실을 하나 꿰맬 뿐입니다. 그물을 위해 그가 무엇을 하든 그것은 자신을 위한 것입니다. 그러나 우리는 귀하의 제안을 나의 백성들을 위해 보류하겠습니다. 우리는 멀리 떨어져 평화롭게 살겠습니다.

　우리가 알고 있는 한 가지는 백인들도 언젠가는 발견하게 되기를 바라지만, 우리의 하나님이 하나의 하나님이라는 것입니다. 당신들은 우리의 땅을 소유하고 싶어 하는 것처럼 하나님을 소유하고 있다고 생각할지 모르지만 그럴 수는 없습니다. 그는 인간의 하나님이며 그는 인디언이나 백인을 똑같이 동정합니다. 이 땅은 그에게 소중한 것이며 땅을 손상하는 것은 그것을 창조한 신을 모욕하는 것입니다. 백인들도 죽게 됩니다. 어쩌면 다른 부족들보다 더 빨리 죽을 것입니다. 계속 잠자리를 오염시키면 어느날 밤, 체력이 소진되어 질식해 죽을 것입니다.

　그러나 당신들은 멸망해가는 가운데, 당신들을 이 땅에 데려오고 어떤 특별한 목적에서 이 땅과 인디언들을 지배하게 한 신의 힘으로 밝게 빛날 것입니다. 그런 운명은 우리가 보기에 미스터리입니다. 왜냐하면 언제 들소들이 모두 멸종당하고 야생마가 길들여지며 아름다운 언덕이 전화선으로 얼룩질지 모릅니다. 덤불이 어디 있습니까? 없어졌습니다. 독수리가 어디 있습니까? 사라졌습니다. 빠른 말과 사냥에 작별을 고한다는 것은 무엇을 의미합니까? 삶의 종말이요, 생존의 시작입니다. 그러므로 우리는 땅을 사겠다고 하는 제안을 고려해보겠습니다.

우리가 동의한다면 귀하가 약속한 보호를 얻는 것입니다. 그곳에서 우리는 잠시 동안 우리가 원하는 대로 살아갈 수 있을 것입니다. 마지막 인디언이 이 땅에서 사라지고 그에 대한 기억이 초원 위를 떠도는 구름의 그림자 속에 묻혀있다 하더라도 이 언덕과 숲은 여전히 나의 백성의 정신을 지니고 있을 것입니다. 갓난아기가 어머니의 심장 고동을 사랑하듯이 그들은 이 땅을 사랑합니다. 그러니 우리가 우리의 땅을 팔 경우, 우리가 땅을 사랑했던 것처럼 사랑해 주십시오. 우리가 돌보았던 것처럼 돌보아 주십시오. 그 땅을 차지하게 될 때, 그 땅에 대한 기억도 간직하십시오. 여러분의 자녀를 위해 그 땅을 보호하고 하나님이 우리 모두를 사랑하는 것처럼 그 땅을 사랑하십시오. 우리는 이 한 가지는 알고 있습니다. 우리의 하나님은 똑같은 하나님입니다. 땅은 그에게 소중한 것입니다. 백인들이라 하더라도 그 공동운명에서 제외될 수는 없습니다. 우리는 결국 형제가 될 것입니다. 그 사실을 알게 될 것입니다…"

이 발표문의 사본은 콜로라도주 아스펜에 있는 젠 루의 집과 세 자녀의 집에 걸린 액자에서 볼 수 있다.

파이(P.I.E.) 프리젠테이션

여기 우리가 택하고 싶어 하는 접근 방법이 있다.

    P＝Preserved-유지하라(완벽했다)

    I＝Improved-향상시켜라(좋았다 그러나 다음에는…)

    E＝Eliminated-제거하라(시간낭비였다. 다시는 반복하지 말라)

감사하는 태도 프리젠테이션

- 오늘 아침 아프지 않고 더욱 건강하게 일어났다면…

  여러분은 이번 주를 살아남지 못할 1백만 명 이상의 사람들보다 축복 받은 것이다.

- 전쟁과 감옥에서의 외로움, 고문의 고통, 혹은 굶주림의 고통을 경험해보지 못 했다면

  여러분은 세상에 있는 5백만 명보다 앞서 있는 것이다.

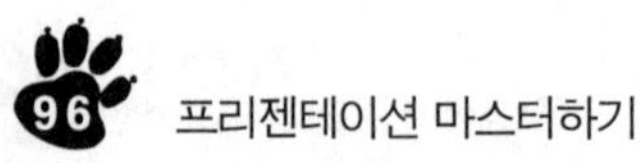

- 고민과 체포와 고문 또는 죽음에 대한 두려움 없이 교회에 참석할 수 있다면
  여러분은 세상에 있는 30억의 사람들보다 축복 받은 것이다.

- 냉장고에 음식이 있고, 옷장에 옷이 있고, 머리 위에 지붕이 있고, 잠잘 곳이 있다면
  여러분은 세상 사람의 75%보다 부유한 것이다.

- 은행과 지갑에 돈이 있고 어딘가 그릇 안에 동전이 있다면
  여러분은 세상에서 부유한 8%의 사람들 가운데 있는 것이다.

- 부모가 아직 생존해 결혼 관계를 유지하고 있다면
  여러분은 드문 경우이다.

- 여러분이 이것을 읽을 수 있다면
  여러분은 20억 이상의 문맹인보다 축복 받은 것이다.

승자가 되라! 프리젠테이션

승자들은 탁월하게 일하며 다른 사람에게 매일 최고의 인물이 되도록 영감을 준다. 여러분은 이것을 우연에 맡길 수 없다. 승자가 된다는 것은 우연이 아니다. 그렇게 되기를 바라고, 추구하고, 성취해야 한다. 위대한 사람이 되도록 노력하라. 그 일은 오늘 시작된다. 여기 승자가 되는 길에서 여러분이 시작해야 할 여덟 가지 조언이 있다.

1. **변화를 사랑하고 받아들여라.** 영원토록 똑같은 상태로 머물러 있는 것은 아무 것도 없다. 변화에 대비하라. 변화를 거부하지 말라. 인생에서 변화가 생기게 되면 기회와 교훈을 찾아보라. 여러분은 변화에 대한 반응을 통제할 수 있다는 것을 기억하라. 승자로서 여러분의 팀은 변화에 대처하는 방법을 찾기 위해 여러분을 바라볼 것이다. 여러분은 거부하거나 받아들일 수 있다.

2. **모험을 감수하라.** 변화를 빨리 받아들이도록 하라. 그렇게 할 수 있다면 여러분은 쉽게 모험을 감수할 수 있을 것이다. 자신에게 다음과 같은 질문들을 하라. 일어날 수 있는 최악의 사태는 무엇인가? 일어날 가능성이 있는 일은 무엇인가? 일어날 수 있는 최상의 일은 무엇인가? 후퇴하는 것이 아니라 탁월한 존재가 되기 위해서라면 무리로부터 떨어져 있어도 괜찮다. 미래는 실패를 축하하고 전진할 줄 아는 사람들

에게 달려 있다. 여러분이 시도하는 것이 효과가 없을 때, 잊어버리고 전진하라.

3. **행동을 취하라.** 탁월한 인물이 되기 위해 노력하는 사람들은 큰 행동을 취한다. 오늘날의 세상에서 행동을 취하는 사람은 보상을 받고, 부진을 피하고, 자신의 분야를 이끌기 위해 결정을 내린다. 큰 행동은 큰 결과를 낳는다.

4. **생각을 살찌워라.** 독자는 리더이며 리더는 독자이다. 여러분의 기술을 향상시켜라. 배우고자 하는 여러분의 태도는 여러분의 팀에게 많은 것을 말해준다. 기술을 향상시키는 일에 노력해 자신의 팀에 가치를 더하라. 자동차를 강의실로 만들고 오디오 테이프를 들어라.

   www.janruhe.com에서 젠 루 Book of the Month Club에 가입하라. 여러분이 원하는 라이프스타일 대로 살아가는 사람들의 세미나만 들어라. 사람들 앞에서 말하고 싶어 하는 사람들의 말은 듣지 말라. 오직 여러분이 원하는 라이프스타일 대로 살아가는 사람들의 말만 들어라. 젠 루의 MLM Nuts & Bolts 훈련에 참가하라.

5. **피드백을 받아라.** 피드백을 요청하라. 프리젠테이션 후, 피드백을 받을 수 있는 평가용지가 있는지 확인한다. 그 다음, 취약한 부분부터 손을 대라. 강점과 약점이 무엇인지 찾아내 취약한 부분에 초점을 맞춰라. 그렇게 할 경우, 여러분은 되고자 하는 승자의 프리젠터가 될 수 있다.

6. **자기 평가를 하라.** 다른 사람이 당해낼 수 없는 사람이 되라.

7. **진지하게 관심을 가져라.** 항상 유익함과 다른 사람을 생각하라.

8. **여러분이 안 될 이유가 무엇이며 지금 안 될 이유가 무엇인가?** 질문을 해보라.

드림 머천트가 되라 프리젠테이션:

- 드림 머천트가 되라.
- 인생을 꿈꿔라.
- 꿈을 가진 사람을 찾아내고 그것을 그들이 얻도록 도와주어라.
- 사람들에게 뭔가 꿈꿀 수 있는 것을 주어라.
- 꿈을 알리기 위해 분명한 단어들을 사용하라.

꿈, 필요사항, 악몽 등은 우리 인생에서 서로 얽혀있다. 꿈으로 포장된 필요사항을 전해주는 것은 즉시 악몽을 몰아낸다.

친구가 되라 프리젠테이션:

진실한 친구란 여러분이 최악의 상태에 처한 것을 보고나서도 여러분을 믿는 사람이다. 사람들을 볼 때, 기쁘게 행동하라. 누가 진정한 친구가 될지 모르는 일이다.

자신의 가정에서 위대한 사람이 되라 프리젠테이션:

위대함이란 장차 이루게 될 어떤 직분만을 의미하는 것이 아니라 사적인 생활에서부터 작은 방법으로 실천하고 원대한 목표를 성취하려는 위대한 행동도 포함된다. 결국 위대한 인물이 되기 위해서는 될 수 있는 최고의 상태에서 위대해져야 한다. 이 도시에 더 좋은 거리와 더 좋은 보도를 마련하고 더 좋은 학교와 더 많은 대학, 더 많은 행복과 문명, 신으로부터 더 많은 것을 받도록 할 수 있는 사람은 어느 곳에서든 위대해질 수 있다. 다시는 내 말을 듣지 않겠다면 이것만은 기억하라. 위대해지기를 원한다면 현재 여러분이 처한 상황에서 시작하라. 여러분이 사는 도시에 축복을 주고, 이곳에 사는 동안 훌륭한 시민이 되고, 더 훌륭한 가정을 만들고, 가게에서 일을 하든지 카운터 뒤에 앉아 있든지 집을 지키든지 아니면 큰 사업체를 갖고 있든지 축복을 줄 수 있는 사람이라면 여러분의 삶이 어떻든지 어느 곳에서든지 우선 집에서부터 위대한 사람이 되어야 한다.

자신을 믿어라 프리젠테이션:

자신을 믿는 사람들은 팀을 소망하라. 자신과 다른 사람들에 대한 믿음이 없으면 여러분은 위대한 코치, 위대한 구성원, 혹은 위대한 기업가가 될 수 없다.

사람들을 돌보라 프리젠테이션:

팀워크는 성공에서 기본이 된다. 개인이 그의 사장, 업라인, 코치, 고용인, 피고용인, 디스트리뷰터들에게 묻는 세 가지 보편적인 질문은 다음과 같다. 내가 당신을 믿을 수 있는가? 당신은 최고가 되겠다는 각오를 했는가? 당신은 날 돌봐주겠는가? 우리가 서로 돌봐줄 수 없다면 우리는 일어설 기회가 없는 것이다.

클로징 프리젠테이션:

나는 다음 여행을 계획 중이며 당신을 초대하고 싶다. 전에 한 번도 가보지 않았던 곳으로 갈 계획이다. 그것은 '내일' 이라는 곳이다. 그곳에 가게 되면 사람들은 우리에게 어디서 왔는지 물을 것이며 우리는 '어제' 에서 왔다고 대답할 것이다. 그러면 그들은 우리에게 선물을 하나씩 줄 것이며 그 선물의 이름은 '오늘' 이다.

콜럼버스의 프리젠테이션:

이사벨라 여왕은 지구가 둥글다는 것을 증명하는 일에 관심이 없었다. 그녀는 콜럼버스가 위대한 것을 발견했는지 안 했는지 전혀 관심이 없었다. 그녀의 마음을 끈 것은 콜럼버스의 프리젠테이션이었다. 그는 부와 명예를 약속했다. 그것이 그녀의 입에 군침이 돌게 했다. "여기 나를 위한 무엇인가가 있군요." 그녀는 설득당했다.

겁내지 말라 프리젠테이션:

마음을 다해 성공한다는 것을 믿어라. 여러분은 겁을 내 피할 수 없다. 여러분은 사람들에게 실패의 위기에 놓여있다고 생각하도록 해선 안 된다. 여러분은 전력을 다해 프리젠트를 해야 하며 여러분의 꿈을 어느 누구도 깨뜨리도록 해선 안 된다.

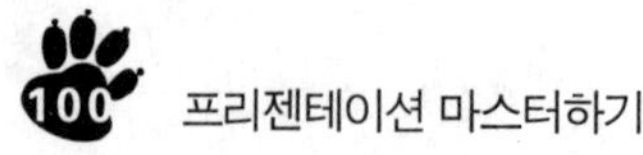

올바르게 하라 프리젠테이션:

여러분은 무엇이 옳고 그른지 알고 있다. 너무나 많은 사람들이 개인적인 권리에 대해 말한다. 오늘은 권리가 아니라 책임에 대해 말해보자.

최선을 다하라 프리젠테이션:

소망을 갖는 것만으로는 부족하다. 행동으로 옮겨야 한다. 날이면 날마다 성공을 거두기 위해 우리는 각자 최선을 다해야 한다.

하루를 포옹하라 프리젠테이션:

새가 처음 노래 부를 때, 그것은 이미 완벽한 것이다. 새는 노래를 향상시키지 않는다. 거미가 처음 줄을 치고 나면 줄 치는 것을 더 이상 향상시키지 않는다. 꿀벌이 맛있는 꿀을 처음 만들고 나면 더 이상 꿀맛을 향상시키지 않는다. 그러나 여러분은 인간으로서 변화하고, 향상하고, 평가하고, 측정하고, 프리젠테이션에 등급을 매기고, 더 잘 하겠다는 결심을 한다. 여러분은 거대한 잠재력을 갖고 있다. 여러분은 자신이 가능할 것이라고 꿈꾸는 것 이상으로 창조하고, 대화하고, 설명할 수 있는 가능성을 지니고 있다. 대부분의 사람들이 꿈을 꾸고, 목표를 세우고, 원하는 것을 어떻게 얻을 수 있을지 생각한다. 나는 그렇지 않다. 나는 매일 일어나 잠시 동안 오늘 하루는 무엇을 성취할 것인지 결정한다. 내 앞에는 아무 것도 적혀 있지 않은 석판이 놓여 있으며 나를 기다리는 하루가 있다. 나는 아침에 일어나 하루에 어떤 일이 일어나든 그 날을 포옹하고 싶다. 어떤 일을 하고 어떤 인물이 될 것인지 바라본다.

모짜르트를 연주하는 다섯 살짜리 프리젠테이션:

미국 필라델피아에 있는 한 학교에서는 다섯 살짜리 아이들에게 바이올린을 가르친다. 그들이 맨 처음 배우는 것이 뭔지 아는가? 바이올린을 들지 않고 무대로 걸어나가 교사가 "브라보!"라고 말하는 것을 듣는 것이다.

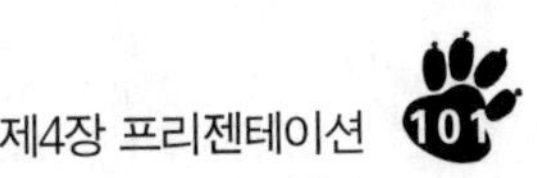

실언을 잘 하는 병 프리젠테이션:

미국의 한 사업가가 홍콩에서 열리는 중요한 연회에 참석해 중국에서 온 관리 옆에 앉았다. 중국 관리는 아무 말도 하지 않았으며 미국 사업가는 어떻게 대화를 시작할지 골똘히 생각하고 있었다. 수프가 나오자 그는 입을 열었다. "수프 좋아하십니까?" 관리는 고개를 끄떡였다. 그것이 그들이 나눈 대화의 전부였다. 커피를 마시고나자 중국 관리는 발표를 해달라는 요청을 받았다. 그는 완벽한 영어로 발표를 했다. 연설을 끝내고 자리에 앉아 사업가를 돌아보며 물었다. "발표 좋아하십니까?"

나는 배가 부르다 프리젠테이션:

"나는 충분히 먹었다.

더 먹는 것은 과식이다.

미식의 포만은 내게 주의를 준다.

더 먹을 수 없는 상태에 이르렀다고.

영양적인 면에서 모순이 없도록 하라."

– 에뎃 페니맨 노울스

나는 예감을 갖고 있다 프리젠테이션:

"나는 은빛 날개를 타고 날아오르는 예감을 갖고 있다.

나는 당신이 성취할 것과 다른 놀라운 일들을 꿈꾼다.

나는 당신이 정복할 하늘 아래 무엇이 있는지 모른다.

내가 아는 것은 오직 하늘이 높고

그것이 멋질 것이라는 것뿐이다."

– 작자 미상

그것은 누구에게 달렸는가? 프리젠테이션

- 배우나 여배우가 되더라도 기쁨이나 행복을 줄 수는 없다.
- 사업은 여러분에게 일자리를 주어야 할 의무가 있는 것이 아니다.
- 교회에 간다고 해서 여러분의 영혼이 구원을 받는 것은 아니다.

- 사회가 도덕적이거나 윤리적인 인격을 형성해 주지는 않는다.
- 새로운 날이 모든 좋은 것을 약속해 주지는 않는다.
- 대학이 여러분에게 충분한 것을 교육시켜 주지는 않는다.
- 세상이 여러분을 먹여살려야 할 의무는 없다.
- 여러분의 결혼 생활이 주례에게 달린 것은 아니다.

미팅을 바꿉시다 프리젠테이션:

다음과 같은 경우에 모든 사람이 미팅을 싫어한다.

- 힘이 빠져 있을 때…
- 예를 드는 것이 청중과 관련이 없을 때…
- 중요한 요점이 눈에 띄지 않을 때…
- 정보가 실용적이지 않을 때…
- 자료들이 오래된 것일 때…
- 연사가 지루할 때…
- 연사가 단지 청중 앞에서 전혀 해보지 않은 일을 말할 때…
- 주제가 오래된 것일 때…

요술 카페트 프리젠테이션:

성공을 하면 요술 카페트를 타겠다는 각오를 한다. 여러분은 가능한 한, 빨리 요술 카페트를 타고 전에 가 본 적이 없는 곳으로 데려다 주기를 바라겠는가 아니면 그것과 맞는 천을 구해 바닥에 깔겠는가?

메리는 어린 양이 있네 프리젠테이션:

2절 가사로 다음의 노래가 있다.

"메리는 어린 양이 있네, 양이 있네, 양이 있네. 메리의 양은 눈처럼 털이 희다네. 메리가 어디든 가면, 메리가 가면, 메리가 가면. 메리가 어디든 가면 양도 간다네." 어린이들은 반복을 통해 배운다. 그들은 같은 말을 반복해 들으며 이같은 방법으로 배운다. 여러분은 3절과 4절을 아는가? 왜 양은 그토록 메리를 사랑하나? 사랑하나? 사랑하나? 왜 양은 메리를 그토록 사랑하나? 갈망하는 아이는 운다네.

그것은 메리가 양을 사랑하기 때문이지, 때문이지, 때문이지. 양이 그토록 메리를 사랑하는 것은 메리가 양을 사랑하기 때문이지."

변명하기 프리젠테이션:

마당에서 잔디를 깎는 사람이 있었다. 깎아야 할 잔디를 얼마 남겨놓지 않고 잔디 깎는 기계가 완전히 멈춰버렸다. 그는 몇 번 고쳐보려고 하고는 다른 기계를 살 필요가 없다는 것을 깨닫는다. 그러나 그는 또 다른 기계에 투자하기 위해 TV에서 진행되는 스포츠 행사를 더 이상 놓치고 싶지 않았다. 그래서 그는 길 건너 이웃인 존에게 가서 20분 정도 기계를 빌릴 수 있는지 묻는다. 존은 손에 맥주잔을 들고 문가로 나왔으며 TV에서는 흥분되는 스포츠 행사와 더불어 요란한 소리가 들려왔다. 그 사람이 존에게 잔디 깎는 기계를 빌릴 수 있는지 묻자 존은 이렇게 대답한다. "안 되겠는데요. 아내가 지금 계란을 부치고 있거든요." 어이가 없어 이렇게 물었다. "내 사정 좀 봐주세요. 계란 부치는 일과 잔디 깎는 기계를 빌리는 것이 무슨 관계가 있습니까?" 그러자 존이 대답한다. "아무 관계도 없죠. 그건 단지 이유에 불과합니다. 난 당신에게 기계를 빌려주고 싶지 않을 뿐이에요. 한 가지 좋은 변명거리는 다른 것과도 마찬가지거든요."

상반되는 것은 트릭이다 프리젠테이션:

상반되는 것은 트릭이다… 그러나 상반되는 것은 재미있다.
언젠가 우리는 그것들을 알게 될 것이며 하나하나 배우게 될 것이다.
행복한 얼굴은 미소를 짓고 슬픈 얼굴은 낯을 찌푸린다.
슬라이드를 사용하는 것은 조금씩 올라갔다가 조금씩 내려오는 것이다.
큰 옷은 헐렁하고 작은 옷은 꽉 낀다.
돌과 벽돌은 무겁고 깃털과 연은 가볍다.
거북의 등은 딱딱하고 토끼의 털은 부드럽다.
잃어버린 것은 찾을 수 있다. 찾지 못 하면 우리는 그것을 잃어버렸다고 한다.
많은 사람들이 키가 작은 반면, 많은 사람들이 크다.
바다에 있는 고래는 크고 어항의 금붕어는 작다.

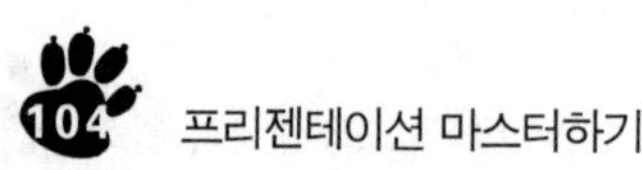

아기들은 먹을 때, 온통 지저분하지만 어른들은 깨끗이 먹는다.

레몬은 시지만 오렌지는 달다.

상반되는 것은 트릭이지만 상반되는 것은 재미있다.

언젠가 우리는 그것을 알게 되며 하나하나 배우게 될 것이다.

바브 밀느는 그녀의 책 〈상반되는 것은 트릭이다〉를 젠의 딸인 애슐리에게 증정했다.

역경을 극복하라 프리젠테이션:

인생에는 보편적인 것, 한 가지가 있다. 여러분은 인생의 도전과 역경을 겪게 될 것이다. 그것에 대비하라.

기본적인 것을 실행하라 프리젠테이션:

우리 팀은 작은 일이라도 옳은 방법으로 하는 것에 기반을 다졌다. 작은 것을 소홀히 하면 그룹 전체의 기초가 무너질 것이다. 작은 것을 열심히 하라.

목표를 세워라 프리젠테이션:

여러분은 원하는 것을 얻기 위해 뭔가를 해야 한다. 이 자리에 있는 우리 모두는 우리가 무엇을 성취하려고 하는지 이해해야 한다. 우리가 왜 여기에 있는가? 그 이유는 많다…

S.O.S 프리젠테이션:

컴퓨터 시대에서도 세상과 빨리 통신하기 어렵다는 것은 재미있는 일이 아닌가? 국제적으로 사용되는 한 마디의 말이 있다는 것은 놀라운 일이다… 그것은 1906년에 시작된 S.O.S이다. 국제적으로 재난을 알리는 신호이다. 재난을 알리는 국제적인 부호는 있으면서 행복한 뉴스를 알리는 부호는 왜 없는 것일까? 나는 오늘 여러분에게 오로지 행복하고, 즐겁고, 열정을 갖도록 하고, 안전한 신호만 보내겠다.

"안전한 신호를 보 내라."

-캐시 로날드 스미스

성공 원칙 프리젠테이션:

 큰 차이를 만드는 것은 작은 것이다. 위대해질 수 있는 기회는 결코 짐바브웨에 있는 빅토리아 폭포처럼 오지 않는다. 그러나 한 방울씩 천천히 떨어지는 물처럼 온다. 어렵지만 후퇴할 것에 대비하고 그것을 통과할 준비를 하라. 효율적이고 생산적인 사람이 되도록 여러분의 태도를 통제하라. 올바른 정신 자세를 가지면 승자 쪽에 서게 된다. 네트워크마케팅에서 처음에는 여러분이 노력하는 것에 비해 받는 돈이 너무 적다. 그러나 나중에는 적은 노력에 비해 많은 돈을 받게 된다. 여러분은 다른 사람들이 원하는 것을 얻도록 도와주기만 하면 인생에서 원하는 모든 것을 얻게 된다. 매일 넥업에서 확인하라. 여러분이 자신에게 거칠게 대한다면 삶은 쉬워질 것이다. 8억의 인구는 여러분이 걱정하는 것을 걱정하지 않는다. 고리타분한 생각을 버려라. 여러분은 태도를 완강하게 하는 것을 원하지 않는다. 자신을 위해 시간을 내라. 위임하라. 15시간 동안 해야 할 일을 10시간 안에 하려고 하지 말라. 시간관리에 도움이 되는 더욱 조직적인 기술을 개발하라.

청중을 파악하라 프리젠테이션:

 인기 쇼인 '백만장자가 되고 싶은 사람'에는 경쟁자들에게 줄 질문에 대한 답을 미리 알려준 관객들이 있다. 관객은 뽑히면 경쟁자를 돕는 일을 하게 된다.

자신을 새로운 레벨로 올려라 프리젠테이션:

- 믿음은 확신을 결정한다.
- 인격은 미래를 결정한다.
- 확신은 만족을 결정한다.
- 습관은 여러분을 예측할 수 있는 사람으로 만든다.
- 생각은 행동을 결정한다.

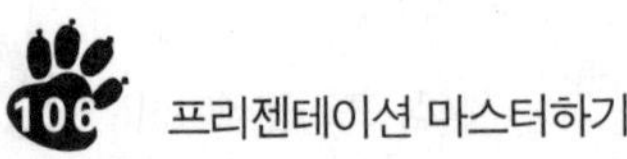

- 일은 유산을 정의한다.

걱정 프리젠테이션:

우리가 아무 것도 할 수 없는 일에 얼마나 걱정하는지 참으로 놀라운 일이다. 여기 일반적인 사람들이 얼마나 걱정을 하고 있는지 분류한 것이 있다.

40%-전혀 일어나지도 않을 일

30%-과거의 일로서 바꿀 수 없는 일

12%-대부분 사실이 아닌 다른 사람들의 비평

10%-스트레스를 받으면 더 나빠지는 건강

8%-당면하게 될 진짜 문제

> "보통 사람이 지닌 능력 이상으로 기꺼이 일에 흠뻑 빠져들지 않으면 정상에 오를 가능성은 없다."
>
> - J.C 페니

자동차 프리젠테이션:

자동차 제조 회사에서 상식을 얻어라. 새로운 모델을 설계할 때, 먼저 그들은 그것을 출고해 테스트를 받게 한다. 결함이 별견되면 사람을 속이려고 하지 않는다. 그 대신, 완벽히 결함을 보완한다. 그들은 광고에서 말한 것처럼 될 때까지 작업을 계속한다. 여러분은 프리젠테이션에서 듣기에는 그럴듯하지만 그것을 행하는 방법이 입증되지 않은 것을 사람들에게 전하고 싶지는 않을 것이다. 여러분 자신을 다른 프리젠터와 비교해보라. 부족한 점이 있으면 보완하여 완벽해져라. 다른 사람들을 속이려고 하지 말라.

학교에 가기 전, 손에 입을 맞춰주는 프리젠테이션:

매일 아침, 아이들이 학교에 가기 전에 아이들과 눈높이를 맞춘 후, 그들에게 손바닥을 위로 해 내밀라고 하라. 작은 손에 입을 맞춰주고 이렇게 말하라. "손에 뽀뽀해준 거, 주머니나, 양말, 도시락 주머니나, 옷 속, 머리띠 어디든 잘 감춰둬." 아이들이 감출 장소를 찾는 것을 지켜보라. "오늘 학교에서 아이들이 놀리거나 선생님이 어떤 일로 너를 언짢게 하면 (엄마나 아빠가) 뽀뽀해준 것을 찾아봐. 엄마는 어떤 일이 있어도 널 사랑할 거란다. 네가 학교에서 무슨 일이 있었는지 집에 와서 말해줄 때까지 기다릴 수가 없구나. 학교에 가거든 햇빛을 비춰줘라. 어떤 애들은 너처럼 사랑받고 있다는 것을 느끼지 못하기도 한단다. 그런 애들에게 친절해야 한다. 학교에서 최선을 다하고, 행복한 시간을 보내라." 이 프리젠테이션은 젠 루의 자녀인 새라, 클레이튼, 애슐리가 전한 것이다.

큰 사진 프리젠테이션:

카메라를 갖고 단상으로 올라가라. 그리고 이렇게 말하라. "대개 이런 자리에서 사진을 찍으면 그것은 연사의 사진입니다. 그러나 나는 그 반대가 되어야 한다고 생각합니다. 프리젠테이션을 전할 청중이 없다면 연사가 어디 있겠습니까? 오늘은 여러분이 중요한 사람들입니다. 그래서 잠시 제 스크랩북에 넣을 여러분의 사진 한 장을 찍겠습니다. 그 사진은 오늘을 상기시켜 줄 것입니다." 일단 스냅 사진을 찍게 되면 여러분의 프리젠테이션을 '큰 사진'으로 확대하라.

버스 운전사 프리젠테이션:

모든 사람에게 여러분의 말에 귀를 기울여주기를 바란다는 말로 시작하고, 재미있는 이야기를 하고, 그 이야기의 내용을 질문하겠다고 말하라. 이렇게 말하라. "여러분은 버스 운전사입니다. 버스는 북쪽으로 6마일을 가서 정차합니다. 정류장에서 운전사가 내려 잠시 다리 운동을 하는 동안 차에 세 명이 탑니다. 버스는 동쪽으로 4마일을 가서 다시 정류장에 정차합니다. 두 명이 내리고 세 명이 다시 탑니다. 버스는 남쪽으로 1마일을 가서 다시 정차합니다. 여기서 여섯 명이 내립니다. 버스 운전사는 참으로 좋은 사람입니다. 그들은 모두 버스 타는 일을 좋아합니다. 그가 진짜 버스 운전사라면 말입니다. 자, 이 버스 운전사는 몇 살일까요?" 사람들은 여러분을 미친 사람으로 볼 것이다. 그가 몇 살인지 정확히 말한다는 것은 불가능한 일이라고 생각할 것이다. 이야기를 다시 시작한다. "여러분은 버스 운전사입니다…"

파도타기 프리젠테이션:

오늘 이 순간에 참으로 놀라운 일이 일어나고 있다. 어느 때보다도 많은 사람이 열정을 가지고 우리의 제품과 기회에 참여하고 있다. 서둘러 오늘의 기쁨에 참여하라. 파도를 타라.

접근 방법 바꾸기 프리젠테이션:

한 지역 신문에 여름철에 일할 소년들을 모집한다는 광고가 났다. 한 소년이 응모하기 위해 아침 일찍 그곳에 가보니 벌써 4백 명이 넘는 소년들이 줄을 서 있었다. 여러분의 계획이 효과가 없을 때, 접근 방법을 바꾸고 계속 행동을 취해야 한다는 것을 기억하라. 그 소년은 그가 알고 있는 모든 소년들 뒤에 서있는 자신을 봤을 때, 접근 방법을 바꿔야 했다. 아침 일찍 일어난 것은 별 효과가 없었다. 소년은 종이에 뭔가를 적었다. 그리고 그는 맨 앞으로 가 고용인에게 그 종이를 전해달라고 했다. 종이에는 이렇게 적혀 있었다.

"저는 4백 번째에 서 있습니다. 저와 이야기를 나누기 전에는 아무도 채용하지 마십시오."

여러분은 그가 채용되었을 것이라고 생각하는가? 내 생각에는 분명히 그랬을 것으로 본다. 우리 대부분은 우리 앞에 서 있는 소년들을 보고는 포기했을 것이다. 그러나 그는 접근 방법을 바꿨으며 행동을 취한 것이다.

대학 퀴즈 프리젠테이션:

두 학생이 아칸소대학 화공학과에 재학 중이었다. 그들은 이틀 앞으로 다가온 기말고사에 매우 자신이 있었기 때문에 테네시대학으로 가 몇 명의 친구들과 함께 파티에 참석했다. 아주 멋진 시간을 보냈다. 그러나 다음날 늦잠을 자는 바람에 시험 시간에 맞춰 아칸소대학까지 갈 수가 없었다. 시험을 보는 대신, 그들은 나중에 교수를 만나 시험을 못 치른 이유를 설명했다. 그들은 주말을 테네시대학에서 보내기 위해 차를 몰고 갔다가 돌아올 계획이었으나 오는 길에 펑크가 났고 스페어 타이어가 없어 한참동안 도움을 받지 못해 늦었다고 말했다. 교수는 다시 생각해보더니 다음날 기말고사를 보라고 했다. 두 학생은 구제되었다. 그들은 밤새 공부했고 다음날 시험을 보러 갔다. 교수는 그 학생들을 각각 다른 방에 떼어놓고 시험지를 나눠주었다. 첫 번째 문제는 5점짜리였는데 쉬웠다. "좋았어. 이번 시험은 쉽겠는데…"라고 말하고 문제를 푼 뒤, 시험지를 뒤집었다. 2번 문제는 다음과 같았다.

"어느 타이어인가?" (95점)

이 프리젠테이션은 루이 페니맨 켈리가 전한 것이다.

"파도를 타라!"

-개빈 스코트

코넬 샌더스 이야기:

여러분이 만나는 모든 성공자들은 "어떤 일에 성공하려면 행동을 취해야 한다"라고 말해줄 것이다. 좋은 예로, 켄터키 후라이드 치킨의 설립자인 코넬 샌더스는 행동을 취한다는 것의 의미를 알고 있었다. 그는 후라이드 치킨을 맛있게 만드는 요리법을 알고 있었으며 그것으로 돈을 벌고 싶었다. 코넬 샌더스는 그의 요리법을 가지고 식당 주인들에게 가서 그의 유명한 요리법을 사용하는 대가로 수입의 일정 비율을 달라고 해야겠다는 결심을 했다. 코넬 샌더스는 그것을 행동으로 옮겼으며 식당 주인들에게 프리젠테이션을 했으나 아무도 그의 사업을 원하는 것 같지 않았다. 이야기는 계속된다. 코넬 샌더스는 1,009번째 식당 주인에게서 "예, 관심이 있습니다"라는 말을 들었다.

처음 100명 또는 500명이 'NO'라고 한 이후, 얼마나 많은 사람들이 그만둘 것이라고 생각하는가?

1천 명이 부정적인 대답을 하고 난 후, 얼마나 많은 사람들이 그만둘 것이라고 생각하는가?

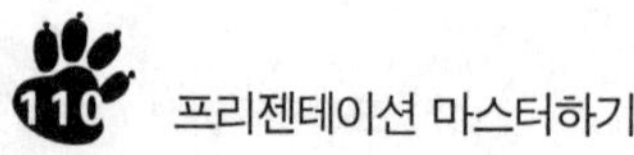

확신의 용기 프리젠테이션:

확신에 찬 사람이 되라. 술을 마시고 싶지 않으면 마시지 말라. 담배를 피우고 싶지 않으면 피우지 말라. 같은 말은 마약, 거짓말, 속임수, 비평 또는 다른 부정적인 일에도 적용된다. 지금 결정하라. 마약, 술 또는 담배가 인생의 목표를 달성하는 데 도움이 되는가? 간단히 대답하면 '아니다' 이다. 그것은 오직 건강을 해칠 뿐이다. 그러니 그것들을 여러분의 생활에서 없애라. 확신의 용기를 가져라. 훌륭한 사람이 되겠다고 각오하고 여러분이 가는 길에 놓여 있거나 서 있는 어떤 사람도 피해가라. 그렇지 않으면 여러분은 오직 자신을 우롱하는 것이며 자신에게 해를 입히고 속이는 것이 된다. 훌륭한 특성을 지닌 사람들과 사귀어라. 험담이나 하고 위선 또는 비평이나 하는 나쁜 사람들 가운데 있는 것보다는 혼자 있는 것이 낫다. 친구들이 여러분보다 낮은 기준을 가지고 있다면 그들을 여러분의 수준으로 끌어올려라. 그들의 수준으로 허리를 굽히지 말라. 다른 사람이 되겠다는 용기를 가지고 위대한 사람이 되겠다는 입장을 취하고 그렇게 되도록 하라.

다윗과 골리앗 프리젠테이션:

다윗은 작은 목동이었다. 그는 전쟁 역사상 가장 위대한 전사였던 골리앗과 맞섰다. 골리앗은 엄청난 거인이었으며 모든 사람에게 두려움을 주었다. 아무도 골리앗과 감히 싸우려고 하지 않았다. 그들은 모두 이렇게 말했다. "그는 거인이다. 그를 이길 수는 없다." 다윗은 이렇게 생각했다. "그는 거인이다. 그와 못 맞설 것은 없다." 다윗은 물매와 몇 개의 돌과 신앙으로 골리앗을 물리쳤다.

> **"평범한 사람이 되지 말라, 챔피언이 되라."**
>
> - 젠 루

메아리 프리젠테이션:

1대1 프리젠테이션에 대해 다른 사람들이 말하는 것을 반복하라.

"나는 나이지리아로 가는 길입니다."

"나이지리아요?"

"그렇습니다. 나는 그곳에 가서 새로운 사업의 구축에 대해 말할 것입니다."

"새로운 사업요?"

"네, 나는 꼭 참여하기를 원하고 관심이 매우 많은 20명과 만날 것입니다."

"20명요?"

이런 방법으로 여러분은 다른 사람에게 말을 시킬 수 있으며 그들의 가치를 발견하는데 도움이 되는 좋은 정보를 수집할 수 있다. 훌륭한 경청자가 되라. 여러분이 그들에게 얼마나 오랫동안 말하도록 하는지 지켜보라.

지구가 둥글다면 프리젠테이션:

지구의 지름이 수 피트에 불과하고 벌판 위의 수 피트 공중에 떠 있다면 도처에서 온 사람들은 그것을 신기하게 여길 것이다. 사람들은 그 주위를 돌아다니며 큰 연못, 작은 연못을 신기하게 여기고 연못 사이에서 흘러나오는 물을 신기하게 여길 것이다. 사람들은 그 위에 융기된 것과 구멍을 신기하게 여길 것이며 지구를 뒤덮고 있는 얇은 가스층과 가스층에 매달려 있는 물을 신기하게 여길 것이다. 사람들은 지구 표면을 걸어 다니는 창조물과 물에 있는 생물들을 신기하게 여길 것이다. 사람들은 그것이 오직 하나뿐인 유일한 것이므로 신성하다고 선포할 것이다. 그들은 그것이 손상되지 않도록 보호할 것이다. 지구는 가장 위대한 경이로움으로 알려질 것이며 사람들은 와서 그것이 유지되기를 기원하고, 그에 대한 지식을 얻고, 그 아름다움을 알려고 하며, 어떻게 존재할 수 있는지 신기하게 여길 것이다. 사람들은 그들의 생명과 완전함이 그것 없이는 아무 것도 아님을 알고 있기 때문에 그것을 사랑하고, 목숨을 걸고 지키려 할 것이다. 만약 지구의 지름이 수 피트에 불과하다면 말이다.

이 프리젠테이션은 수와 로빈 벨리가 전한 것이다.

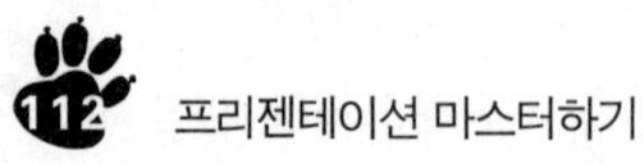

코끼리 프리젠테이션:

거대한 코끼리들이 지구의 여러 지역을 자유롭게 돌아다닌다. 그러나 태국에서는 코끼리를 잡아 훈련시킨다. 무거운 체인 끝에 달린 강철 밴드를 코끼리의 각 다리에 채우고 큰 나무에 묶는다. 코끼리는 체인을 깨뜨리거나 나무를 뽑아보려고 애쓰면서 체인을 당겨보지만 결국은 포기하고 만다. 코끼리는 강하지만 승리하지는 못 한다. 패배해 철저히 포기한다. 그러면 코끼리는 체인에서 풀려나 일을 하게 되며 땅에 박힌 작은 막대기에 묶인다. 코끼리는 자신이 큰 나무에 묶여 있다고 믿으며 무거운 체인을 움직이는 고통을 겪고 싶어 하지 않는다. 코끼리는 조금만 움직여도 도망칠 수 있다는 것을 모르는 것이다. 그래서 오늘 여러분은 과거에 일어난 일 때문에 이 어려움으로부터 도망쳐 위대하게 되는 것을 고통스럽게 생각하려는 것인가?

열정을 가져라 프리젠테이션:

- 여러분 생각에 빛이 비치도록 하라.
- 여러분의 꿈과 운명에 리더십을 가져라.
- 문제를 해결하는 전문가가 되라.
- 투표로 결정하라.
- 어느 때보다도 생각을 크게 가져라.
- 과감하게 시도하라.
- 적과 두려움과 장애물에게 리더십을 넘겨주지 말라.
- 불가능한 상황과 맞서라.
- 새로운 꿈으로 전환하라.
- 티켓을 나누어 주어라.
- 개인적인 파워를 움켜쥐어라.
- 우선순위를 재조정하고 재확립하라.
- 불가능이란 말을 거부하고 추방하고 제거하라.
- 잠재력을 파악하라.
- 결단을 내리는 용기를 보여라.
- 모든 어려움을 해결하라.

어리석은 사람은 목숨을 건다 프리젠테이션:

돈을 벌어라. 그러나 가끔 돈을 벌기 위해 어떤 대가를 치르는지 생각해보라. 돈을 벌기 위해 무엇인가 대가를 지불하지 않는 사람은 아무도 없다. 현명한 사람은 노동력과 능력으로 돈을 번다. 바보는 돈을 벌기 위해 목숨을 건다.

풋볼 선수들의 집합 프리젠테이션:

풋볼 경기는 사이드 라인에서 판정을 하는데 선수들은 왜 안에 줄지어 모이는가? 왜 선수들이 함께 모여 있어야 하는가? 그 이유를 아는가? 그들이 줄지어 있는 경기장 안에서는 고립되어 있기 때문이다. 수많은 사람들 앞에서 그들은 모욕을 당한다. 함께 모여 있으면 그들은 자존심을 되찾고 라인 앞에 다시 서서 지난 번 경기를 잊고 전진하는 것이다.

네 개의 상자 프리젠테이션:

"결정을 내려야 하는 상자"	= 여러분이 갖고 있는 모든 문제를 이 상자 안에 넣어두라.
"나는 믿는다 상자"	= 상자 위에 "나는 믿는다"라고 쓴다. 여러분의 문제를 이 상자 안에 넣고 뚜껑을 닫은 다음, 무엇인가 다른 일을 한다. 여러 주 동안 놔두든지 다음 날 그것을 갖다 버려라.
"나는 할 수 있다 상자"	= 잡지에서 눈의 사진을 오려 깡통이나 상자에 붙여라.
"보이지 않는 상자"	= 잠자기 전, 마음속에 보이지 않는 상자를 가져라. 다음 날에 대한 모든 근심, 걱정, 아이디어, 플랜 등을 상자에 담아 밤새 베개 밑에 놓아두라.

네 가지 연료 프리젠테이션:

여기 오래 지속되는 성공을 성취하는 데 필요한 네 가지 연료가 있다.

연료 #1 심상 = 사진은 천 마디 말보다 낫다. 산과 해변의 심상을 이용하라. 프리젠테이션을 하는 동안, 여러분의 보이지 않는 팔을 청중의 어깨 위에 올려 놓고 역사상 유명한 인물이 여러분 뒤에 서서 여러분을 격려하고 있다는 상상을 해보라. 보물 지도를 상상해보라. 잡지 몇 권을 뒤지면서 여러분이 하고 싶고, 갖고 싶고, 되고 싶은 것들을 주의 깊게 오려내라. 여러분이 평생 만들어내고 싶은 사진을 주의 깊게 선택하라. 어떤 모양, 사이즈, 부분이라도 그것들을 포스터 판에 붙여놓아라. 매일 그것을 바라보라. 매일 아침, 매일 저녁, 잠자기 전에 그것들을 보라.

연료 #2 흔들리지 않는 믿음 = SWSWSWNextSW…어떤 사람들은 여러분이 프리젠트하는 것을 원하고 어떤 사람들은 원치 않을 것이다. 그래서 어떻다는 것인가? 다음은 누구인가? 누군가 기다리고 있다! 여러분은 누군가 여러분의 꿈을 깨뜨리게 해서는 안 된다. 그런 문제가 생기면 신뢰에 대해 가장 걱정하는 한 사람이 있다. 여러분은 그 사람이 누구인지 알고 있다.

연료 #3 교육과 지식 = 사람들은 1년 동안 머리를 치장하는 데 500 달러 정도를 쓴다. (이발, 스프레이, 샴푸, 모자 등) 무지의 대가는 무엇인가? 책과, 오디오 테이프, 세미나에서 얻는 한 가지 아이디어가 여러분에게 큰 돈을 벌게 한다. 지식은 힘이다. 벤자민 프랭클린은 이렇게 말했다. "여러분이 소유하고 있는 것을 머리 속에 모두 집어넣어라. 그렇게 하면 아무도 훔쳐가지 못할 것이다!" 공휴일 선물로 책, 테이프, 세미나 티켓을 구하고, 여러분의 정신을 살찌워라.

연료 #4 지원하는 분위기 = 여러분이 칠면조들에 둘러싸여 있다면 독수리처럼 나는 것은 불가능한 일이다. 성공자들이 여러분을 둘러싸게 하라. 탁월한 것에 자신을 파묻어라. 탁월한 것을 구하고, 탁월함에 대한 열정을 가져라. 사람들과 어울리되 같은 목표를 갖고, 과감히 위대한 사람이 되려고 하고, 좋은 책을 읽고, 좋은 영화를 보고, 멋진 식당에서 식사를 하고, 잘 알려진 리더를 찾고, 그들과 조언자들로부터 배우려는 사람들과 사귀어라. 긍정적인 높은에너지를 갖고 있는 성공자들과 어울려라. 부정적인 대화에 가담하지 말고, 질적인 것을 추구하라. 여러분이 프리젠테이션하는 모든 순간을 최고의 것이 되도록 하는 데 초점을 맞추어라.

사계 프리젠테이션:

- 봄…………다른 사람의 생각에 여러분의 아이디어를 심어줄 때이다.
- 여름…………가을을 대비하여 계획할 때이다.
- 가을…………여러분이 뿌린 것을 수확할 때이다. 일을 종료하라.
- 겨울…………5-5-5룰을 적용할 시기이다. 5명에게 전화하고, 5명에게 인사하고, 5명에게 e-메일을 보내라.

> ### 5-5-5 룰
> ### 5명에게 전화하고, 5명에게 인사하고,
> ### 5명에게 e-메일을 보내라.
>
> – 조디 카빌

개구리 프리젠테이션:

아일랜드에 억수같은 비가 내린 후에 개구리떼가 뛰어다녔다. 그런데 갑자기 개구리의 일부가 물이 가득찬 습지로 뛰어들었다. 그들은 뛰쳐나오려고 했지만 물이 너무 깊었다. 나머지 개구리들은 습지 주변에 모여 살기 위해 애쓰면서 습지 밖으로 뛰쳐나오려고 하는 개구리 친구들의 무서운 광경을 지켜보았다. 그 광경을 지켜보는 것은 무서운 일이었으며 밖으로 뛰쳐나오려고 애쓰는 것이 무모한 일이라는 것을 알게 된 밖에 있는 개구리들은 습지에 기대어 그 안에 있는 친구들에게 외쳤다. "포기해! 너희는 죽게 될 거야. 나올 방법이 없어. 그렇게 높이 점프해서 뛰어나올 수는 없어. 포기해. 우리는 너희를 사랑한다. 너희가 보고 싶을 거야." 정말로 개구리들은 점프하다가 지쳐서 물 위에 벌렁 뒤집혀 누운 채 하나씩 죽어갔다. 그런데 한 마리의 작은 개구리는 예외였다. 그는 점프를 계속했다. 친구들이 그에게 외쳤다. "포기해! 나올 방법이 없어. 네 친구와 가족을 봐. 모두 포기했어, 모두. 너도 결국 그렇게 될 거야. 포기해!" 그러나 작은 개구리는 계속 점프를 하다가 마침내 차갑고 무서운 습지에서 빠져나왔다. 그는 숨을 헐떡거리며 땅에 누워 있었다. 모든 친구 개구리들이 주위에 모여 감탄하였다. 그들은 이렇게 말했다. "넌 우리가

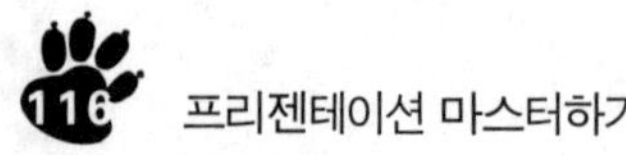

포기하라고 하는 것을 듣지 못 했니? 왜 포기하지 않았어?" 작은 개구리는 이렇게 말했다. "응, 잘 못 들었어! 힘내라고 응원하는 줄 알았지!"

다른 사람에게 결코 꿈을 포기하라고 말하지 말라.

금광 프리젠테이션:

내게 금광이 있는데 그것을 여러분과 나누려고 한다. 나는 여러분에게 그 놀라운 금광에 들어가게 할 것이다. 그러나 한 가지 조건이 있다. 여러분은 단 한번 밖에 들어갈 수 없다. 그렇다면 우선 무슨 일부터 해야 하는가?

1. 뛰어들어가 맨손으로 그리고 열정적으로 가질 수 있는 것은 모두 갖겠는가?
2. 연장을 준비해 엄청난 재산을 벌겠는가?

금 수갑 프리젠테이션:

가을에 1월과 2월을 위한 콘테스트나 특별 행사를 계획하라. 이런 방법으로 여러분은 고객을 휴가 기간 동안 붙잡아둘 수 있다. 머리를 써라!

잠에 대한 소망. 그것은 이야기, 노래 가사나 프리젠테이션으로 깨울 수 있다.

원해야 한다 프리젠테이션:

어느 더운 여름 저녁, 마스터 프리젠터가 대강당에서 강연 연습을 하고 있었다. 그는 연단에 대한 느낌을 갖고, 강당을 여러 각도에서 보고, 메모한 것을 정리하고, 장비가 제대로 작동하는지 점검하고 싶었으며 모든 프리젠테이션을 잘 해야겠다고 결심했다. 화이트보드에 있는 마케터들은 잉크가 잘 나왔으며 조명도 완벽했기 때문에 그는 연설을 시작했다. 그는 음색을 여러 가지로 바꾸어 보고, 청중을 향해 미소를 지으며, 훌륭하게 되는 것에 대해 감동적인 연설을 했다. 그는 관리인이 강당 앞으로 걸어가고 있는 것을 깨닫지 못 했다. 갑자기 이 연사는 연단에서 관리인을 내려다 보고는 인사를 했다. 그는 다음 날 있을 큰 행사를 위해 연습하는 중이라고 설명했다. 관리인은 그의 연설을 다 들었으며 그의 말이 멋지고, 힘있고, 흥분되고, 대담하지만 그의 프리젠테이션은 짧게 두 마디로 요약할 수 있을 것이라고 했다. 마스터 프리젠터가 이렇게 말했다. "결코 그럴 수 없을 것입니다. 나는 수년 간의 경험을 가진 전문가입니다. 나는 이 사업에서 가장 훌륭한 관계와 지식과 어느 누구보다도 많은 지혜를 갖고 있습니다. 어떻게 내가 지금까지 말한 것을 두 마디로 요약할 수 있다는 것입니까? 그건 있을 수 없는 일입니다." 관리인은 그의 눈을 똑바로 쳐다보며 이렇게 말했다. "원해야 한다. 아시겠습니까? 오늘 내가 당신에게 가르치는 것을 하고 싶지 않다면 내가 아무리 긴 연설을 한다 하더라도 당신은 하지 않을 것입니다!"

팁:
이 프리젠테이의 요지는 여러분이 전하는 정보를 행동으로 옮기기 전에 그렇게 할 마음을 가져야 한다는 것을 깨닫게 하는 것이다.

> 아시겠습니까? 오늘 내가 당신에게 가르치는 것을 하고 싶지 않다면 내가 아무리 긴 연설을 한다 하더라도 당신은 하지 않을 것입니다!"
>
> – 존 커티스

모자 프리젠테이션:

이 프리젠테이션을 위해 다음과 같은 것들을 준비해야 한다. 안전모, 소방관 헬멧, 야구 모자와 호루라기. 이것은 리더십과 개성 스타일에 대한 프리젠테이션이다. 청중 가운데서 세 명을 불러내 모자를 하나씩 쓰도록 시킨다(준비하는 사람은 같은 종류의 모자를 두 개씩 마련할 수도 있다).

  안전모를 쓰는 사람은 공사 관리자로서 어려운 시기를 뚫고 나가야 한다. 청중 가운데서 억지로 리더가 될 사람을 찾는 것은 쉬운 일이다. 안전모를 쓴 사람은 대본이나 이 일에 대해 미리 알아야 할 필요가 없다. 그들은 여러분과 함께 무대에 있을 때, 여러분은 이렇게 말한다. "이것은 나의 길입니다… 혹은 그들에게 말하도록 한다." 고속도로입니다" 라고. 아니면 여러분은 이렇게 말할 수도 있다. "이것은 내 길입니다. 그렇지 않으면" 혹은? 이것은 나의 길이거나 어느 누구의 길도 아닙니다. 쇼에서 그들을 항상 스타로 만들고 그들을 참여시키는 것을 두려워하지 말라.

  소방관 헬멧을 쓰는 사람은 대본이나 이것에 대해 미리 알아야 할 필요가 없다. 여러분과 함께 무대에 있을 때, 이렇게 말하라. "이 방 안에 있는 사람들은 열정을 갖고 있는 사람들입니다. 혹은 그 열정을 퍼뜨릴 사람들입니다. 우리는 여러분을 기대하고 있다는 것을 기억하십시오. 이 사람은 열정을 가진 대표적인 예입니다.!" 쇼에서 항상 그들을 스타로 만들고 그들을 참여시키는 것을 두려워하지 말라.

  야구 모자와 호루라기를 갖고 있는 사람은 대본이나 이것에 대해 미리 알아야 할 필요가 없다. 여러분과 함께 무대에 있을 때 이렇게 말하라. "우리 사업에서는 코치해줄 사람이 필요합니다. 타석에 서는 것을 두려워하지 마십시오. 다만 이렇게 말하십시오. 코치님 저를 넣어주세요. 저는 준비 되었습니다." 그들을 참여시키는 것을 두려워하지 말라.

나는 100% 당신 위에 있다 프리젠테이션:

  여러분이 이렇게 하기 전에 미팅을 계획하는 사람에게 괜찮은지 확인한다. 모든 사람을 일으켜 세우고 누군가의 뒤에 서서 벽을 보게 한다.

  그런 다음 이렇게 말하라. 이제 앞에 있는 사람의 어깨에 손을 얹고 멋진 메시지를 전하십시오. 메시지를 전하면서 그들의 오른쪽이나 왼쪽 어깨에 몸을 기울이고 말하십시오. "나는 100% 위에 있습니다."

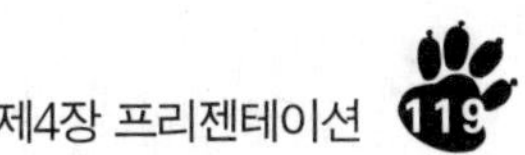

그것은 전적으로 교육만은 아니다 프리젠테이션:

- 많은 성공자들은 별로 정식 교육을 받지 않았다.
- 에이브라함 링컨은 독학했다.
- 벤자민 프랭클린은 학교에 다닌 적이 없다.
- H. G. 웰스는 가난한 가운데 태어나 병고와 싸웠다.
- 젠 루는 1971년에 메릴 린치에서 주급 75달러를 받는 가운데 부엌도 없는 원 베드룸에 주차장 비용을 내며 텍사스 댈러스에 있는 대학에서 공부를 시작했다.
- 라이트 형제는 과학자가 아니었으며 그들의 직업은 자전거 기술자였다.
- 토마스 에디슨은 겨우 3개월의 교육을 받았다.

조니 애플시드 프리젠테이션:

존 채프만은 조니 애플시드(사과씨)로 알려졌다. 그는 사과씨를 한 봉지 어깨에 둘러매고 뉴욕에 있는 집을 떠났다. 그는 씨를 심으며 서쪽으로 갔다. 그는 그 나무에서 열리는 사과를 따먹지 못할 것이지만 누군가 앞으로 그것을 따먹게 될 것이다. 그는 원주민과 모든 정착민들에게 묘목을 나누어주었다. 그는 사과씨뿐만이 아니라 다른 종류의 씨앗도 심었다. 그는 나무 그늘에 앉아 특별한 책을 읽는 동안 그의 앞을 오가는 사람들에게 그가 하는 일에 가담할 것을 권유했다. 조니 애플시드처럼 씨를 심는 사람이 되라. 여러분이 좋은 생각을 심을 때, 어떤 일이 일어날지 누가 아는가? 그들이 바라는 것은 그것이 뿌리를 내리고 큰 나무로 성장하여 언젠가 여러분이 모르는 사람들이 그 열매를 따먹게 되는 것이다.

방법을 알라 프리젠테이션:

다음과 같이 하는 방법을 알라.

- 사람들과 친하게 지냄
- 사람들에게 이루어지기 바라는 일을 하게 함
- 여러분의 아이디어를 판매함
- 여러분 자신을 피고용인과 고용인에게 선전하고 협조와 충성심을 얻어라.

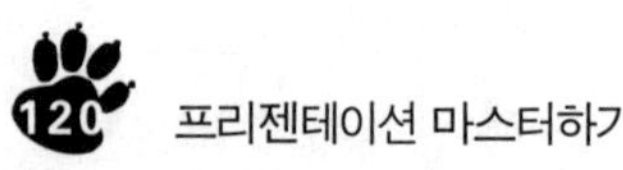

- 여러분 자신을 친구와 가족 그리고 이웃과 여러분이 매일 만나는 모든 사람에게 알
  려라.

등대 프리젠테이션:

다음은 1995년 10월 5일에 미 해군 작전참모장이 발표한 통신 내용이다.

- **참모장**: 충돌을 피하기 위해 귀하의 항로를 북쪽으로 15도 수정하라.

  응답: 충돌을 피하기 위해 귀하의 항로를 남쪽으로 15도 수정할 것을 권한다.

- **참모장**: 이 배는 미 해군함 지휘관의 배다. 다시 한 번 말한다. 항로를 수정하라.

  응답: 다시 한 번 말한다. 항로를 수정하라.

- **참모장**: 이 배는 항공모함이다. 미 해군의 대형 전투함이다. 당장 항로를 수정하라.

  응답: 여기는 등대다. 이상.

번영의 법칙

- 부정적인 생각을 정리하라.
- 믿음을 갖지 못한 여러분을 용서하라.
- 새로운 목표를 정하라.
- 여러분이 계획한 대로 이루어질 것처럼 일하라.

갈증을 느끼게 하라 프리젠테이션:

여러분은 속임수로 개를 부를 수 있고, 끈기가 있으면 노새도 움직일 수 있다. 그러나 사람의 경우에는 그들이 원치 않는 것을 거의 하게 할 수 없다. 오늘은 사람들을 움직여서 일하게 하되 그들이 원하고 여러분이 어떤 일을 이루고 싶어 하기 때문에 일하게 하는 방법에 대해 전하고자 한다. 사람들이 여러분에게 충실한 것처럼 보이게 하는 속임수를 조심하라. 그들은 악한 방법으로 여러분에게 등을 돌릴 수도 있기 때문이다.

사람들은 배가 고프면 먹는다.
사람들은 목이 마르면 마신다.

여기 여러분이 원하는 것을 사람들이 하도록 하는 방법이 있다. 다른 사람의 필요사항 또는 그들의 몽상에 관심을 가져라. 그들의 희망, 소망, 바램, 실수, 문제 등 모든 것이 관심의 대상이 될 수 있다.

그들은 여러분과 함께 하는 일을 목말라 하지 않으면 다른 곳으로 가버릴 것이다. 인생에서 여러분은 다른 사람과 함께 하는 것을 목말라 하지 않는 사람이 있다는 것을 기억하라.

늙은 당나귀 프리젠테이션:

농사짓는 일에 지친 농부가 있었다. 그는 아내를 잃었으며 자녀들은 모두 장성하여 집을 떠났다. 날씨는 무더웠으며 그는 늙어가는 당나귀를 돌보기도 귀찮아졌다. 갑자기 농부는 밖에서 큰 소리가 나는 것을 듣고 뛰어나가보니 가엾은 늙은 당나귀가 우물에 빠진 것이었다. 농부는 아픔과 고통으로 부르짖는 소리를 들을 수가 없었다. 그는 빨리 집으로 돌아가 이웃 농부들에게 급히 전화를 걸어 삽을 가지고 그의 농장으로 오라고 했다. 당나귀를 우물에서 건져낼 수 있는 방법이 없었다. 가엾은 늙은 노새는 농부들이 그를 우물에서 꺼내줄 것을 바라고 있었지만 그는 잘못 생각하고 있었다. 실제로 일어난 일은 그 당나귀를 고통에서 벗어나도록 하기 위해 산 채로 그를 매장한 것이었다.

농부들은 모두 모여서 한 사람씩 우물에 흙을 퍼넣기 시작했다. 당나귀는 미칠 것 같았다. 도대체 이게 무슨 일인가? 그들이 어찌 이럴 수 있단 말인가? 그들이 어찌 그를 그렇게 대할 수 있단 말인가? 그들은 당나귀가 더 이상 가치가 없다고 생각한 것인가? 그들은 그를 돌보거나 그의 생각에 관심이 없는 것일까? 어찌됐든 농부에게 기여하지 않았는가? 어떻게 그렇게 쉽게 없애버릴 수 있단 말인가? 그가 무슨 일을 했기에 이런 대접을 받는단 말인가?

당나귀는 생각하기 시작했다. 잠깐… 난 똑똑하단 말이야. 지혜가 있고 경험이 있어. 생각, 생각, 생각. 그에게 아이디어가 떠올랐다. 흙이 던져질 때마다 그는 흙을 털어버리

고 밟고 올라섰다. 털어버리고 올라선다. 그것이 그의 주문이 되었다. 털어버리고 올라
선다. 그는 그 말을 반복하면서 승리할 때까지 계속했다. 그들은 많은 흙을 우물 속으로
퍼부었으며 그는 흙을 밟고 결국 우물 밖으로 나왔다. 농부들은 놀랐다. 당나귀는 살아
났으며 우리에게 귀중한 교훈을 주었다.

모소 대나무 프리젠테이션:

모소 대나무를 본 적이 있는가? 30미터나 곧게 자라는 것을 보면 경외심까지 느낀다.
이 대나무가 어떻게 자라는지 아는가?

첫째, 40㎝쯤 되는 모소 대나무 줄기를 하나 구한다. 다음에 1미터 정도 땅을 파고 땅
속에 완전히 파묻는다. 그리고 5년 동안 하루도 빠지지 않고 물을 주어야 한다. 하루라
도 물을 주지 않으면 나무는 자라지 않는다. 그러나 5년 동안 신중하게 보살피면 1,825
일째 되는 날, 땅이 갈라지고 나무가 나타나기 시작한다.

그 다음은 모소 대나무의 현상이 나타난다. 나무는 6주 동안 30미터나 자란다. 그것은
하루 평균 1m 가까이 자라는 것이다. 실제로 여러분은 앉아서 나무가 자라는 것을 볼 수
있다. 어떤 사람들은 대나무가 자라는 데 6주가 걸렸다고 말하는가 하면 어떤 사람들은
5년이 걸렸다고 한다. 여러분이 5년 동안 물을 준 사람이라면 답은 그에게 달려 있을 것
이다.

여러분이 뒷마당에 대나무를 심고 비가 오든 해가 비치든 매일 물을 주어야 한다고 생
각해보라. 한 이웃이 여러분이 이렇게 하는 것을 보고 다음과 같은 질문을 했다고 가정
해보자. "무엇 때문에 똑같은 장소에다 매일 물을 줍니까?" 여러분은 이렇게 대답한다.
"나는 대나무를 기르고 있습니다. 5년 동안 매일 물을 주면 6주 동안에 30미터나 자란답
니다. 댁에서도 한 번 해보시죠." 그는 잠시 생각해보더니 이렇게 말한다. "아뇨. 됐습니
다. 댁에서 하는 일이 어떻게 되는지 지켜볼게요."

이듬해에 그 이웃은 여러분이 같은 장소에 물을 주는 것을 지켜본다. 그가 이렇게 묻는다. "아직도 물을 주고 있는데 아무 일도 일어나지 않네요." 여러분은 그 사람에게 말한다. "대나무가 자라는 데는 시간이 걸립니다. 그러나 일단 땅밖으로 나오기만 하면 대단한 광경이 벌어집니다. 댁에서도 한번 키워 보시죠." 이웃은 웃으면서 대답한다. "감사하지만 됐습니다. 댁에서 기르는 것이 어떻게 되는지나 지켜보겠습니다."

3년째 되는 해에 그 이웃은 아예 더이상 여러분과 말도 하지 않고 어떤 일도 함께 하려고 하지 않았다. 모든 이웃은 이 정신나간 여자가 대나무가 자라나기를 바라면서 같은 장소에 계속 물을 준다는 이야기를 들었다. 4년째 되던 해에 그들은 여러분을 미친 사람으로 판단하고 아이들이 그 집 근처에서 놀지도 못하게 했다. 그런데 5년째 되던 해에 땅이 갈라지기 시작하더니 여러분이 심은 그 막대기가 처음으로 햇빛을 보게 되었다. 그리고는 자라기 시작했다.

6주가 지나자 이웃들은 이 놀라운 광경에 감탄해 마지않으면서 여러분이 갖고 있는 이 대나무를 갖고 싶어했다. 그러나 자신의 나무를 기르려면 5년을 기다려야 한다. 그들은 여러분이 5년 전에 한 말을 들었어야 했다는 생각을 하지 않을까?

여러분이 사업의 막대기를 하나 심었다면 그것은 흡사 대나무와 같을 것이다. 매일 물을 주어야 한다. 한 동안은 아무 일도 일어나지 않지만 계속 물을 주어야 한다. 많은 사람들이 물을 것이다. "사업이 어떻게 되어갑니까? 아직 돈을 벌지 못 했습니까? 당신의 사업이 어떻게 되어가는지 지켜보겠습니다." 그런데 어느날, 여러분의 그룹이 싹이 트더니 처음으로 햇빛을 보고 자라나기 시작한다. 여러분은 물러나 앉아서 그것이 점점 빨리 자라는 것을 보게 된다. 여러분은 대나무 꼭대기에 앉아 다른 사람들이 "나도 말을 듣고 내 가지를 하나 심을 걸"이라고 하는 것을 들을 수 있을 것이다.

뒤섞어놓기 프리젠테이션:

사람들은 자리에 앉을 때, 친구와 함께 앉고 싶어 한다. 그러나 모임에서는 사람들을 자꾸 이동하게 하는 것은 재미있는 일이다. 매 20분마다 사람들을 자리에서 일어나게 하

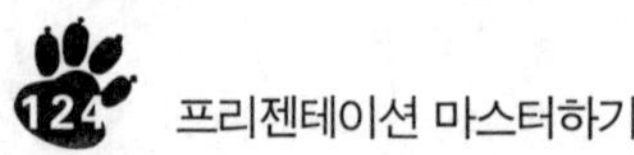

여 실내의 새로운 장소로 자리를 옮기게 한다. 또는 사람들에게 하나, 둘, 셋, 넷 하고 번호를 붙여 구분하게 한 뒤, 하나 번호를 부른 사람들은 1번 테이블로 가고, 둘은 모두 2번 테이블로 가게 한다.

돈 프리젠테이션:

돈을 관리하는 것은 교육의 문제이다. 돈을 절약하는 것은 수양의 문제이다. 돈에 대해 토론을 벌이고 어떻게 할 것인가를 이야기하는 것은 재미있는 일이다. 그렇게 하는 데는 돈 이상의 것이 있으며 그렇게 할 가치가 있다.

팁:
당나귀의 주문을 기억하라. 털어내어 밟아라.

한 마디 프리젠테이션:

여기 그 방법이 있다.

- "이 제품 좋아하시죠?"

  "네." 라고 예비 고객이 대답한다.

- "이 제품은 당신이나 당신이 사랑하는 누군가에게 혜택을 주겠지요?"

  "네." 라고 예비 고객이 대답한다.

- "당신은 우리 제품이 얼마나 독특한지 아시겠죠?"

  "네."라고 예비 고객이 대답한다.

다음 단계는…

칭찬하기 프리젠테이션:

다른 사람들에게 다음과 같이 말하라.

- 칭찬할 때, 등을 두드려주어라.

파트너 프리젠테이션:

여러분은 이것을 작은 그룹이나 큰 그룹으로 행할 수 있다. 그들이 규칙을 확실히 이해하도록 하라. 다음과 같이 말하라. "여기 여러분이 미팅에서 할 수 있는 일이 있습니다. 잠깐이면 됩니다. 그러나 일이 제대로 되게 하려면 아주 조용해야 합니다. 아무 말이나 소리를 내지 말고 자리에서 일어서십시오. 자, 조용히 서 계십시오. 여러분은 모르는 분을 보고 서 계시지만 조용히 계십시오. 자, 이제 우리는 다음과 같이 하겠습니다. 내가 셋을 세고 나면 여러분은 여러분의 파트너를 보면서 목청이 터져라 다음과 같이 소리지르십시오." "무엇을 원하십니까?" 하나, 둘, 셋. 모든 사람이 소리를 지르고 웃을 것이다. 그런 다음, 이렇게 말하라. 잘 하셨습니다. 이번에는 더 잘 할 것입니다. 다음 번에는 좀 더 크게 소리를 지르십시오. 이번에는 내가 셋을 세고 나면 파트너를 바라보면서 최대한 진지한 미소를 짓고 가장 진지한 목소리로 이렇게 외치십시오. "안녕하세요? 제가 어떤 도움을 드릴 수 있을까요?" "하나, 둘, 셋!" 이것은 몇 번 시도를 해야 할지도 모른다.

개인적인 시즐맨십 프리젠테이션:

성공자들은 다른 사람들에게 자신을 어떻게 알리는지를 잘 알고 있다. 우리는 모두 아침, 정오, 밤이 될 때까지 '세일즈 피플'이다. 우리는 자신의 아이디어와, 플랜, 에너지, 열의를 만나는 사람들에게 판매한다. 상냥한 사람들은 그렇지 못한 사람들보다 더 훌륭하게 성취한다. 그러므로 환영받는 셀프 프로모터가 되어야 한다.

우리가 서로에게 묻는 모든 질문들을 생각해본다.

- 어떤 영화가 좋은가?
- 시내에서 어떤 의사가 가장 나은가?
- 시내에서 어떤 변호사가 가장 나은가?

P.R.A.M. 프리젠테이션:

P = 칭찬하라!

R = 인정하라!

A = 감사하라!

M = 동기를 부여하라!

성공의 비결 프리젠테이션:

• 문제점을 찾고 그것을 해결하라!

• 상처를 찾아 치료하라!

• 필요사항을 찾아 채워라!

• 사람을 찾아 도와주어라!

• 효과가 있다면 향상시켜라!

70년대 시트콤 음악 프리젠테이션:

70년대 시트콤 CD를 구해 프리젠테이션을 할 때, 틀어보라. 많은 사람들이 수십 년이 지난 지금에도 시트콤의 이름을 말할 것이다. 프리젠테이션에서 그것을 가져오면 재미 있을 것이다.

성(Sex)과 교육 프리젠테이션:

다음과 같이 말하라. "이제 우리가 사용하는 말이 가진 의미를 설명해보겠습니다. 여러분이 프리젠테이션을 하거나 대화를 나눌 때, 사용하는 말은 때로 의도했던 것과는 달리 다른 의미로 전해질 때가 있습니다. 이제 여러분이 다섯이나 열 그룹으로 나누어 의자를 끌어당겨 둥굴게 앉은 다음, 사회자를 한 분 뽑으시기 바랍니다. 무슨 말인지 아시겠습니까? 제가 두 개의 단어를 말씀드리고 나면 여러분은 그룹으로서 어떤 단어를 선택할 것인지를 결정하고 팀으로서 생각할 수 있는 모든 설명을 다 적어보시기 바랍니다. 3분이 넘지 않도록 해주시기 바랍니다. 다 적고 나면 사회자는 일어서서 팀에서 선택한 단어를 읽고 그 단어와 관련된 설명들을 읽을 것입니다. 여러분은 이 3분에서 5분 동안 내린 결정을 믿지 않으실 것입니다. 자, 이제 주의 깊게 들어 보시기 바랍니다. 여러분이 선택해야 할 두 개의 단어는 성(Sex) 또는 교육입니다. 시작하십시오."

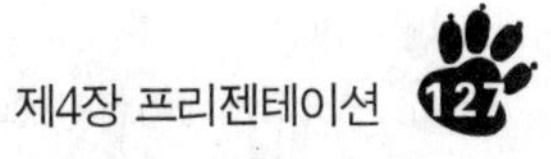

Sable(검은 담비) 프리젠테이션:

Sable(검은 담비)은 다음의 약자입니다.

S = 성공의 자세

A = 행동은 말보다 설득력이 강하다.

B = 책임감 있는 사람이 되라.

L = 다른 사람들을 사랑하라.

E = 열의를 갖고 프리젠테이션을 하라.

> "프리젠테이션 기술을 향상시켜라.
> 그러면 1년 안에 여러분은 스스로 높은 목표를
> 세우고 달성하는 것을 알게 될 것이다.
> 프리젠테이션을 마스터하는 데는
> 자신의 기술을 향상시키는 일이 요구된다."
>
> – 멜린다 릴리

샤답 날씨 속보 프리젠테이션:

셸리 샤답은 젠 루가 앨라배마에서 연설을 하고 난 뒤, 아침에 보낸 e-메일이다.

뉴스 속보! 회오리가가 마을을 덮침

버밍햄은 결코 예전같지 않을 것으로 보임

뜨거운 증기 기후! 아무 구조도 보이지 않음!

지난 밤, 생명을 변화시키는 회오리 바람이 불었다. 그러나 방향이 정해지지 않은 루토네이도는 버밍햄을 강타했으며 황폐화시키는 회오리 바람, 홍수, 전압 변화, 화재와 부상자를 속출시켰다. 그것은 순수하게 시작되지만 여러분은 대기에서 무엇인가 다른

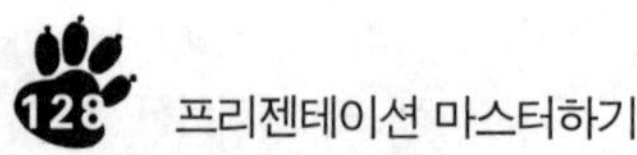

것을 느낀다. 느리고 꾸준히 웅웅대는 소리가 나기 시작하고 앞으로 천둥이 올 믿을 수 없는 힘을 예고해주지만 그 힘의 진정한 크기는 아무도 모른다.

지혜와 기지의 회오리 바람이 무리에게 전해지면서 그들은 전에 겪어본 적이 없는 눈물, 웃음, 기쁨, 자기 인정과 발견의 광란 속으로 빠져들었다. 모든 사람은 그들의 영혼을 강타한 엄청난 힘의 번개에 요동하였으며 불(열정)을 갖게 되었다. 그날 밤 전에 없던 정열의 폭우가 몰아쳤다. 절규하는 바람은 이렇게 외쳤다. "난 더 잘 할 수 있습니다." 전류는 그들이 가는 길에 불(열정)을 갖게 했다. 강력한 루 토네이도는 역사를 이루어냈다. 크기, 속도, 불타는 소망 등에서 모든 기록을 깨뜨렸다. 그 길에 있던 모든 사람들에게는 모두 불이 붙었으며 불꽃이 타올랐다. 이 꺼지지 않는 불은 버밍햄을 통과하여 조지아, 미시시피, 테네시, 플로리다를 거쳐 멀리 인디애나까지 휩쓸고 지나가며 더 많은 사람들에게 불(열정)을 갖게 했다. 이 타오른 불과 레이저에 대한 보고는 하루종일 e-메일, 팩스와 전화선을 통해 중앙통제실로 들어오고 있다.

열정을 가져라! 안드레아와 애미는 올 히코리의 잔디밭을 뜨겁게 달구기 위해 테네시로 날아갔다.

게일은 낯선 사람들에게 불을 붙여 두 사람을 리크루팅했으며 몇몇 파티의 예약을 받아냈다.

제니스는 인디애나로 돌아가 추진력과 열정을 더했다.

조앤과 스테파니는 진지하게 계획하고 전략을 짰으며 새로운 목표를 세웠다.

킴벌리는 펜사콜라로 돌아가는 길에 예비 고객에게 휴대폰으로 연락을 취했으며 도착 후, 새로 리크루트한 사람들의 서류를 팩스로 보냈다.

린다는 새로운 리드를 얻기 위해 조지아로 돌아갔다.

미셸은 월요일 미팅에 참석할 새로운 열정적인 예비 사업자를 찾아냈다.

체나는 잃어버린 학교 동창, 전국적으로 흩어져 있는 친구들의 명단을 만들었다.

여기에 머물러 있는 동안 통제할 수 없이 타오르는 불꽃이 세계 전역으로 퍼져나간다는 보고가 들어오면서 믿을 수 없는 발전이 이루어지고 있다. 이미 역사의 한 장을 만들었지만 지난 밤에 있었던 루 토네이도의 힘이 미치는 놀라운 효과는 재난을 당한 사람들에게 열정을 갖는 결정을 내리게 해주었다.

단문 프리젠테이션:

영어에서 "I am"은 가장 짧은 형태의 완전한 문장이다. 모든 청중이 듣고 싶어 하는 말은 "I am finished(끝났습니다)" 라는 말이다. 그래서 나는 오늘 "말을 짧게 하도록 약속합니다."

진지한 프리젠테이션:

다른 사람들에게 자연스런 매력을 주는 순수한 개성을 개발하는 일에 집중하라. 진지함이란 마술 시금석과도 같아서 여러분의 프리젠테이션을 시들하게 하는 것이 아니라 펄펄 끓게 해준다. 마스터 프리젠터의 가장 큰 성공 비결은 진지한 마음으로 프리젠테이션을 하는 것이다. 여러분이 진지할 때, 사람들은 다른 사람들에게 말한다. 여러분은 곧 친구들을 사귀는 큰 사업을 하게 되는 것을 알게 될 것이다. 여러분은 사람들을 좋아하는척할 수는 없다. 그들을 좋아해야 한다. 그들에 대한 순수한 흥미를 가져야 한다.

회의론자 프리젠테이션:

1807년에 로버트 풀톤은 허드슨 강에 띄워진 증기선의 최대 성능을 최초로 보여주기 위해 군중을 불러모았다. 엔진의 시동을 걸려고 할 때, 사람들이 소리를 질렀다. "결코 걸리지 않을 거야. 결코 걸리지 않을 거야!" 결국 엔진은 움직이기 시작해 배가 불꽃과 검은 연기를 내뿜으며 출항했을 때 군중들은 잠시 조용했다. 오직 잠시뿐이었다. 그들은 다시 떠들어대기 시작했다. "절대 서지 않을 거야! 절대 서지 않을 거야!" 회의론자들의 말에도 불구하고 배는 앞으로 나아갔다.

미소짓기 프리젠테이션:

"입가를 치켜올리십시오! 볼을 들어올리십시오!"

- 당신이 미소지은 후에 미소짓는다.
- 항상 미소지어라!
- 어찌됐든 미소지어라!
- 미소짓고 싶은 마음이 없더라도 미소지어라!

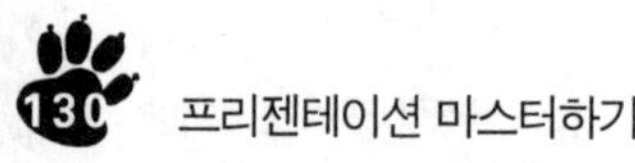

- 매일 미소지어라!
- 미소는 양호한 건강의 신호이다.
- 미소는 여러분에게 유익하다. 그것은 건강한 운동이다.
- 미소는 보편적인 행복의 표시이다.

목표를 말함 프리젠테이션:

여러분은 목표를 세우는가? 목표를 세우는 일은 중요하다. 많은 사람들이 목표를 성취할 수 없다고 생각하기 때문에 목표 세우는 일을 두려워한다. 그들은 꿈에 도달하기 위해 수입을 늘리는 것이 아니라 목표에 맞추기 위해 수입을 줄인다. 여기 목표를 세우는 방법이 있다. 여러분이 추구하는 결과에서부터 시작하고 그것을 성취하는 가장 좋은 방법을 가려낸다. "여러분에게 나의 목표를 말씀드리는 동안 여러분의 것과 맞는지 생각해 보시기 바랍니다. 우리가 같은 방향으로 가고 있지 않다면 어떻게 가치 없는 여행을 선택할 수 있겠습니까? 나는 여러분의 목표가 나의 것과 일치하기를 바라며 그런 다음 이 목표가 가능해지도록 하기 위해 구체적인 아이디어를 살펴볼 수 있기를 바랍니다. 나는 위대한 것을 추구하고 있으며, 내가 꿈꾸는 믿을 수 없는 라이프스타일을 거절당하지 않을 것입니다."

S. T. E. A. M. 프리젠테이션:

프리젠테이션을 하는 동안 다음 문자를 이용하여 질문을 한다.

S = Sales(세일즈)

　세일즈에서 누구를 알고 있는가?

T = Teacher(교사)

　여러분의 자녀가 가장 좋아하는 교사는 누구인가?

E = Enthusiasm(열의)

　여러분이 알고 있는 가장 열의 있는 사람은 누구인가?

A = Attitude(자세)

　여러분이 알고 있는 가장 긍정적인 사람은 누구인가?

M = Money(돈)

여러분이 알고 있는 사람 중에 돈이 더 필요한 사람은 누구인가?

'의자에 앉기' 프리젠테이션:

위원회에 가입하기를 원하는가? 위원회의 의장은 어떤가? '의장(Chairman)'이라는 말이 어디서 유래했는지 생각해본 적이 있는가? 그것은 중세 때에 집주인이나 안주인이 의자의 유일한 주인이었던 것에서 유래되었다. 나머지 가속들은 공동 식탁에 모여 앉더라도 등받이가 없는 의자나 낮은 위치에 있는 쿠션에 앉았다. 의자에 앉도록 초대되는 것은 대단히 중요한 손님에게만 해당되었다.

그것은 효과가 있을 것이다 프리젠테이션:

"그것은 효과가 있을 것입니다. 나는 프리젠테이션을 할 때, 그런 방법으로 변화하기를 열망하며 다른 사람들이 더욱 긍정적인 사람이 되도록 격려할 것입니다."

"내부에 잠자고 있는 거인을 깨워라."

– 토니 로빈스

비엔나 프리젠테이션:

젠과 빌 루, 젠의 딸 새라, 보니와 데이빗 아리페스 그리고 가빈 스콧이 2001년 5월에 콜로라도주 스노우매스에 있는 타워 레스토랑의 어느 방에서 식사를 하고 있었다. 마술의 세계적인 거장인 에손 박사가 2층으로 올라와 개인적으로 베풀어주는 마술쇼로 즐거운 시간을 보냈다. 쇼를 진행하는 동안 그는 다음과 같은 이야기를 들려주었다.

"마술사들에게 오스트리아 비엔나에 있는 Ball of Magicians에서 마술 세계의 일류 인사들이 모인 가운데 공연에 초대되는 것보다 더 좋은 일이 무엇이 있겠습니까? 물론 다시 초청을 받았습니다. 2001년 3월에 있었던 일입니다. 아직도 작년에 있었던 축제의 행복한 분위기에 젖어 있으면서 저는 금년도 축제를 준비하는 조직위원회에 안부를 묻는 e-메일을 보냈습니다. 그러자 거의 곧바로 위원회로부터 다시 참석해달라는 답신을 받았습니다. 물론 저는 참석할 수 있는 기회를 너무 기쁘게 생각했죠. 20년이 넘도록 저는 콜로라도주, 스노우매스에 있는 타워 코미디 매직 바에서 뛰어난 고정 연기자였습니다. 나의 일은 매일 밤 이곳을 찾는 단골 손님들에게 잊혀지지 않는 경험을 프리젠트하는 것입니다. 전에 국제적인 인정을 받는 동안 이것은 제 모자에 꽂혀있던 진짜 깃털이었습니다. 오스트리아에 있는 Ball of Magician(혹은 Ball de Magier)은 연례 축제로서 우연히도 오스트리아에서 열리는 "사육제"와 중복이 됩니다. 이 기간 동안 많은 무도회들이 열리는데 그 중 가장 볼만한 것은 오펀무도회로서 정계 및 사교계의 많은 인사들이 참석합니다. 의사나 제과업자 같은 다른 직종의 사람들도 그들의 축제 행사를 갖습니다. 그러나 마술사들의 축제는 특별합니다. 비엔나의 모든 멋쟁이들이 모두 춤을 좋아하는 것은 아닙니다. 그래서 이 행사는 여러 다양한 축제에서 공연하는 세계 전역에서 모인 가장 뛰어난 마술사들이 불꽃 튀는 공연을 합니다. 저는 타워 바에 있는 익숙한 환경과 별로 다르지 않은 무대에서 지난 24년 동안 해온 대미를 장식하는 연기를 했습니다. 그런 고귀하고 감사하는 군중을 위해 제가 공연을 한다는 것이 얼마나 영광스런 일입니까?

　제게 잊을 수 없는 한 가지 사건은 비엔나 호텔 그랜드 볼룸에서 비단과 벨벳으로 차려 입은 우아한 여성들이 턱시도를 입은 파트너와 함께 저녁 시간을 즐기는 것을 지켜보는 일이었습니다. 네 명으로 구성된 악단은 어떤 음악도 연주할 수 있었지만 밴드가 스트라우스의 왈츠로 바뀌었을 때, 참으로 놀라운 일이 벌어졌습니다. 비엔나 문화에서 이런 종류의 춤은 너무나 그 뿌리가 깊기 때문에 왈츠의 첫 선율이 울리자마자 방 안의 분위기는 일시에 바뀌어 모든 사람이 파트너의 손을 잡고 안으로 들어가 춤을 추기 시작합니다. 순간 무대 아래서 뿜어대는 담배 연기는 방안에 자욱하여 춤을 추는 사람들은 마치 구름 위에 떠 있는 것처럼 보였습니다. 그 황홀한 순간, 저는 이 무희들의 부모 또 그 부모들이 춤을 추며 살아온 세월들로 돌아갔습니다. 그 순간, 저는 제가 있는 곳에서 참으로 축복받은 사람이라는 생각을 했습니다. 제 인생에서 가장 기억되는 것은 이것이 참으로 마술과도 같은 순간이었다는 것입니다."

"만약 ~이라면 어떻게 하겠는가?" 프리젠테이션:

"만약 ~이라면 어떻게 하겠는가?"라는 게임을 한다.

내가 빚을 다 갚을 수 있다면 어떻게 하겠는가? 새 차를 산다면? 대학에 간다면? 악기 연주를 배운다면? 거대한 그룹을 갖게 된다면 어떻게 하겠는가?"

다음 세 가지 질문에 대답한다. 그것을 적어라. 조건이나 제한은 없다.

1. 생계를 위해 일을 하지 않아도 된다면 무슨 일을 하고 싶은가?

2. 내게 백만 달러가 주어진다면 무엇을 하겠는가?

3. 앞으로 건강하게 살 날이 6개월 밖에 남지 않았다는 것을 알게 되었다면 무엇을 하겠는가?

누가 신용을 얻는가? 프리젠테이션:

"누가 명예를 얻든 그것에 크게 신경쓰지 않는다면
세상에서 큰 일을 이룰 수 있을 것이다."

인생에서 여러분의 목적이 명예를 얻는 것이라면 열심히 일할 경우, 얻을 수 있을 것이다. 그러나 어떤 사람이 여러분보다 앞서가 명예를 얻을 생각을 하지 않고 어떤 일을 했을 때, 온 힘을 다 기울인 여러분보다 더 큰 명예를 얻는 것에 크게 놀라거나 실망하지 말라. 진정으로 가장 큰 명예를 얻는 사람은 명예로운 일을 하되 인정받을 것을 기대하지 않는 사람이다. 인생에서 누가 명예를 얻는가에 대해 신경을 쓰지 않는다면 여러분은 많은 일을 성취할 수 있을 것이다. 그러므로 여러분에게 필요치 않은 인정을 부지런히 다른 사람에게 돌려라.

누가 충성을 받기에 적합한가? 프리젠테이션:

충성심이란 결코 자동적으로 오는 것이 아니다. 그것은 획득하는 것이다. 어떻게 충성심을 얻는가?

1) 접근하기 쉬운 사람이 되라.

2) 마스터 트레이너 또는 교사가 되라.

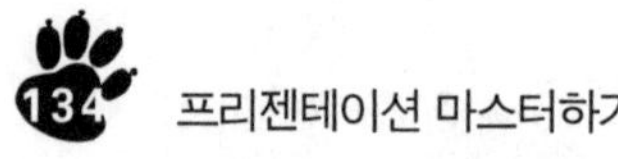

3) 객관적인 사람이 되라.

4) 같은 생각을 가지지 않은 사람들을 축복하고 놓아주어라.

5) 아낌없이 칭찬해주어라.

6) 비평을 잘 조종하라.

7) 개인적인 성장 및 발전 프로그램을 실시하라.

8) 자신과 함께 일하는 사람들을 높이 존중하라.

9) 변화에 친숙해져라.

10) 필드를 리드하라.

11) 준비하라.

12) 도전적인 문제를 피하라. 그러나 그것이 올 때, 결정을 내려라.

13) 리더를 승진시키고 성공자로 만들라.

14) 사람들이 갖고 있는 가치를 인정하라.

오즈의 마법사 프리젠테이션:

'오즈의 마법사' 저자인 엘 프랭크 바움은 이야기의 개요를 완성했지만 도로시, 틴 맨, 스케어크로우, 겁쟁이 사자가 마법사의 도움을 얻기 위해 찾아간 마법의 땅의 이름을 짓지 못했다. 파일들을 모으는 도중, 바움의 시선은 파일 캐비넷 서랍에 표시되어 있는 것을 보았다. 'O-Z' 여러분은 결코 어디서 영감이 올지 모른다.

사람들을 돕기 위해 쓰고 말한다 프리젠테이션:

"나는 가난한 사람들에게 그들의 처지를 만족스럽게 여기라는 의도로 쓴 어떤 글에 대해서도 죄책감을 느끼지 않기를 바란다. 나는 오히려 신에 대한 불만과 좋지 않은 건강을 갖고 있는 독자에게 어떻게 하면 그들이 더 나은 건강을 지닐 수 있는지 그 방법을 알려주는 사람으로 알려지고 싶다. 그들이 지닌 지식을 불만족스럽게 여기고 계속 공부하도록 자극하는 것이다. 더 나은 직업, 더 좋은 집, 더 많은 돈을 은행에 예금하도록 권고하는 것이다. 그러나 이따금씩 이 가치 있는 것들을 얻기 위해 노력하는 가운데 우리의 복을 헤아려본다는 것은 해로운 일이 아니다."

-부르스 바튼

당신은 백만장자입니다. 프리젠테이션:

여러분은 오늘 그렇게 생각하지 않을지 모르지만 백만장자이다. 그 이유를 말하겠다. 우선, 나는 여러분의 오른 팔을 사고 싶다. 얼마에 팔겠는가? 다음, 나는 여러분의 왼쪽 발을 사고 싶다. 여러분의 폐, 간, 비장, 코, 귀는 어떤가? 또 있다. 여러분의 피부, 손톱, 눈 그리고 여러분의 신앙, 사랑하는 사람들, 꿈, 목표, 그리고 개인적인 힘… 그 모든 것들을 계산해보라. 대략 여러분은 어느 정도의 가치가 있다고 생각하는가? 수 백만 달러!!!!

여러분은 컴퓨터와 같다 프리젠테이션:

여러분이 갖고 있는 컴퓨터를 켜보라. 그것은 꺼버려도 작동하는가? 그렇지 않을 것이다. 여러분 두뇌의 컴퓨터를 켜보라. 생각의 화면에는 여러 가지 유의사항이 나타날 것이다. 성공이라는 아이콘을 눌러보라. 상상의 화면에 나타나는 메시지를 살펴보라. 잠재력! 우선순위! 가능성을 조사하라! 자기것으로 만들라! 정돈하라! 생기를 회복시켜라! 탐구하라! 주문서를 보내라! 메시지를 전송하라! 다른 사람들과 접촉하라! 대화하라! 열정을 지녀라! 열의를 높여라! 흥분된 마음을 가져라! 에너지가 흘러넘치게 하라! 여러분의 생각은 다음과 같이 할 수 있는 컴퓨터이다. 선택하라! 결정하라! 느껴라! 판단하라! 생각하라! 계속 켜놔라!

> "자신을 위해 계획하지 않는 지도 자는
> 항상 다른 사람의 플 랜에 반응을 보 인다.
> 반응 이 여러분 의 일한 옵 션이 될 때,
> 여 러분 은 패배한다"
>
> - 아틸라 더 헌

여러분은 어떤 종류의 사람인가? 프리젠테이션:

여러분은 자기 위주의 사람인가?(I-I Person)
결정할 일에 당면하면 이런 사람은 이렇게 질문한다.
"그것은 내 플랜과 일치하는가?"
"그것은 내게 어떻게 유익한가?"
"내가 얻을 수 있는 것은 무엇인가?"
다른 사람들이 좋아하지 않더라도 문제가 되지 않는다. 다른 사람이 도움을 받든 안 받
든 문제가 되지 않는다. 다른 사람들이 상처를 입더라도 문제가 되지 않는다.

이들은 이렇게 말한다.

"나는 나눌 줄도 모르고, 돌볼 줄도 모르고, 짐을 나누어 질 줄도 모르는 사람이다."
"나는 내 문제만 해도 충분하다."

그렇게 말하지 말고 이렇게 말하라.

"어떻게 도와 드릴까요?"
"도와드리기 위해 무슨 일을 하면 될까요?"
"당신을 좋아하는 것은 당신을 원하기 때문입니다."

여러분은 아이-잇(I-It Person) 사람인가?
여러분은 일에서 감정적인 성취를 찾고 있는가?
행복을 원하는가? 쇼핑을 하고 뭔가 물건을 사라.
지루한가? 영화를 보라.
두려운가? 총을 사라.
불안한가? 돈을 모아라.
사람들에게 좋은 인상을 주어야 하는가? 여러분에게는 중요하지 않지만 다른 사람들
에게 중요한 물건들을 사라.

외로운가? 선술집을 찾아가라.

I-It 사람들은 물건에 얽매어 있다. 나의 초상화를 그려달라. 내게 장식을 해달라. 나를 수선해달라. 나를 고쳐달라. 나를 대신해달라. 먼지를 털어달라. 나를 다시 정리해달라. 나를 돌봐달라.

이들은 이렇게 말한다.

"수입의 가능성은 어떤가?"
"나와 가족에게는 어떤 혜택이 있는가?"
"비용은 얼마나 드는가?"
"당신을 좋아하는 것은 당신이 필요하기 때문이다."

여러분은 아이-유(I-You Person)인가?

I-You 사람들은 꿈과 소망과 상처와 필요사항을 가진 다른 사람들에게 말한다. 이들은 사람들을 좋아한다. 그들은 진짜 성공 이야기를 가지고 있다. 그들은 선함과 친절과 도움을 주려는 마음으로 가득차 있다. 그들은 정력적이고, 건설적이고, 힘이 넘치며, 참으로 값을 매길 수 없는 친구들이다.

이들은 이렇게 말한다.

"내가 당신을 사랑하는 것은 당신이 나를 필요로 하기 때문입니다." = 이것이 진정한 사랑이다.

여러분은 더 멀리 갈 수 있다 프리젠테이션

청중에게 이렇게 말하라. "여러분은 꿈꾸고 있는 것보다도 자신을 더 발전시킬 수 있습니다. 그것은 어떻게 시각화하는가와 어떻게 초점을 맞추는가에 달렸습니다."

모든 사람에게 일어나도록 부탁하라.

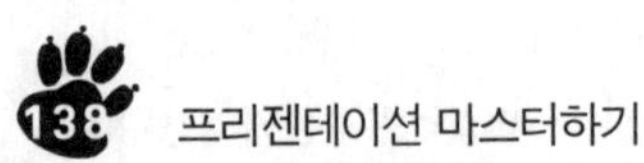

그 다음, 이렇게 말하라. "일어서서 양쪽으로 팔을 뻗을 수 있는 곳에 서십시오. 그 다음, 팔을 펴되 다른 사람이나 벽 또는 어떤 것에도 닿지 않도록 주의하십시오."

그 다음, 이렇게 말하라. "돌아서 나를 보십시오."

그 다음, 이렇게 말하라. "이것은 서로 경쟁하는 콘테스트가 아닙니다. 허리가 안 좋은 분은 하지 마십시오."

다음에 이렇게 말하라. 이제 팔을 양쪽으로 벌리고 양발은 같은 위치에 고정하세요. 제가 다음에 할 것을 말씀드리는 동안 몸을 풀면서 옆에서 옆으로 도십시오. 셋을 세면 양발로 바닥에서 돌다가 저를 보면서 서세요. 가능한 한, 멀리 도십시오. 가능한 한, 팔을 힘껏 벌리십시오. 벽 위의 한 지점을 지정해 손으로 가리키고 기억한 다음, 지시사항을 기다리시기 바랍니다.

잠시 멈췄다가 다시 말한다. "자, 하나, 둘, 셋. 돌고, 서십시오. 그 위치에 서서 그 지점을 가리키십시오."

다음에 이렇게 말하라. "머릿속으로 여러분이 지정한 곳을 가리키시기 바랍니다. 됐습니까? 자, 천천히 팔을 내리고 다시 한번 저를 보십시오."

계속 이렇게 말하라. "이제 마술을 보여드리겠습니다. 여러분은 마술쇼에 참가하고 있습니다. 눈을 감고 여러분이 이 동작을 할 때, 처음 정지했던 지점을 상상해보십시오. 생각 속에서 그 지점을 찾았습니까? 이제 여러분은 처음보다 멀리 갈 수 있을 것입니다. 이제 여러분은 처음에 있던 지점보다 발을 멀리 옮겨놓는 상상을 하십시오. 셋을 세면 눈을 뜨고 몸을 돌린 다음, 처음 있던 곳에서 한 발 앞으로 가시기 바랍니다. 준비되었습니까?

잠시 쉬었다가 다시 말한다. "자, 하나, 둘, 셋. 돌고, 멈추고, 그 지점에 서십시오.

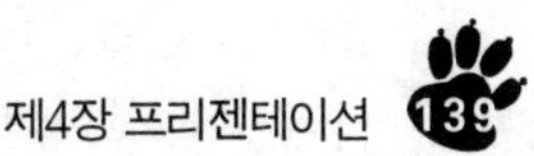

다음에 이렇게 말한다. "여러분, 해냈습니다. 여러분은 할 수 있을 것이라고 생각했던 것보다 멀리 갔습니다. 마술입니다!"

여러분은 이것을 몇 번 더 할 수 있다. 이것은 사람들을 놀라게 할 것이며 그들은 좋아할 것이다.

"인생은 춤 이다."

– 도로시 우드

가장 나쁜 10가지 변명 프리젠테이션:

- 나는 스트레스를 받아 쉬어야 할 것 같다.
- 사람들이 내게 주문을 보내 더 많은 프리젠테이션을 할 수 있는 에너지를 재충전할 수 있기를 바란다.
- 손톱이 부러져 집을 나설 수가 없다.
- 오늘 많은 사람들이 내게 전화를 걸어줄 것을 기대하고 있다.
- 오늘 아침에 큰 주문을 받았는데 취소되어 낙담했다.
- 오늘 아침에 차가 고장났다.
- 충분한 예비 사업자가 있을 것으로 생각했다.
- 지난달에는 톱 리크루팅 상을 받았으며 다른 사람이 다른 어떤 상을 받기를 원했다.
- 컴퓨터가 고장나 그것 없이는 전화를 걸 수가 없다.

당신의 프리젠테이션을 향상시키도록 결의한다

나, ________________는 자신의 프리젠테이션 기술을 향상시켜
내가 바라는 라이프스타일에 다다를 수 있기를 바란다.
단지 원하는 것들을 얻는 것이 아니라
내가 가진 정보와 지혜로부터
사람들이 유익함을 얻을 수 있도록
나 자신을 교육하고 강화하는 라이프스타일을 계획한다.

____
서명

____
날짜

Chapter 5

격언과 이야기
Saying & Stories

프리젠테이션 마스터를 위한 백만 달러짜리 아이디어

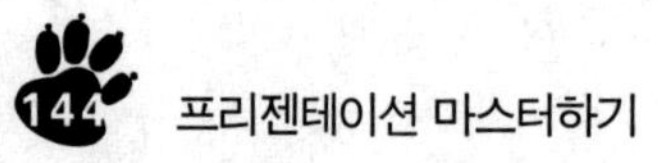

Chapter 5

격언과 이야기

"다음은 프리젠테이션에 포함시키는 데 유익한 것으로 여기는
격언과 이야기들이다. 그것들을 잘 활용하면 청중에게
교훈을 주는 데 큰 도움이 될 것이다."

- 젠 루

1천 개의 구슬

"이봐, 톰, 자네 정말 일이 꽤 바쁜 것 같네. 월급은 꽤 많이 줄 거야. 그러나 집과 가족을 떠나 있어야 한다니 그게 안됐네. 젊은 사람이 목적을 달성하기 위해 주 60시간 이상 일해야 한다는 건 믿을 수 없는 일이야. 자네 딸의 댄스 리사이틀을 못 보다니 안됐네. 내 경우, 우선순위에서 좋은 견해를 갖도록 도와준 얘기를 하나 해주겠네… 계산 좀 해보게. 사람은 평균 75년을 사네. 어떤 사람은 더 살고 어떤 사람은 덜 살지. 그러나 사람들은 평균적으로 75세까지 산다네. 자, 75 곱하기 52를 해보면 3,900이 나오네. 그것은 즉, 평균적으로 사는 사람이 평생 갖는 토요일의 수일세. 사람이 55세가 되면 이 모든 것들을 자세히 생각하게 되지. 그때가 되면 자네는 2,800번의 토요일을 살았다는 얘기야. 내가 75살까지 산다고 할 경우, 즐길 수 있는 토요일은 1,000개 밖에 남지 않은 거지.

그래서 나는 장난감 가게를 돌면서 1,000개의 구슬을 샀네. 나는 그 구슬을 큰 투명 플라스틱 통에 넣은 뒤, 내가 토요일 아침을 보내는 곳 옆에 놓아뒀지. 그날 이후로 토요일이 되면 나는 구슬을 하나씩 꺼내 던져버렸네. 나는 구슬이 적어지는 것을 보면서 인생에서 정말로 중요한 것에 대해 더 초점을 맞추게 됐지. 우선순위가 잘 지켜지는가를 보기 위해 이 지상에 있는 동안 시간을 써버리는 것과 같은 것은 없네. 자네와 작별 인사를 하고 아내와 함께 아침을 먹기 전에 마지막으로 해야 할 말이 있네. 오늘 아침 나는 그 마지막 구슬을 던져버렸네. 다음 토요일까지 살게 된다면 나는 여분의 시간을 얻게 된 셈이지. 한 가지 우리가 모두 사용할 수 있는 것은 여분의 시간이야. 톰, 자네를 만나게 되어 반갑네. 나는 자네가 가족과 더 많은 시간을 보낼 수 있기를 바라고, 자네를 여기서 다시 볼 수 있기를 바라네.

<blockquote>"75살 된 노인, 여기는 K9NGQ, QRT로 가는 길입니다. 굿모닝."</blockquote>

여러분은 이 사람이 종료 사인을 할 때, 바늘 떨어지는 소리라도 들을 수 있었을 것이다. 나는 그가 우리 모두에게 생각할 수 있는 많은 것을 주었다고 생각한다. 나는 그날 아침 안테나를 고친 다음, 클럽의 뉴스레터 작업을 하기 위해 아마추어 무선사들을 만날 계획이었다. 그 대신, 나는 2층으로 올라가 아내를 깨웠다. "일어나, 여보. 당신하고 애들과 함께 아침 먹으러 가지." "무슨 일이에요?" 아내가 미소를 지으며 말한다. "별 일 아냐. 오랫동안 애들하고 토요일을 못 보내서 말이야. 그리고 밖에 나가 있는 동안 장난감 가게에 들러 구슬을 좀 사야겠어."

<blockquote>위니 더 푸는 이렇게 말했다.
"당신이 100살을 살게 된다면 나는 하루 모자라게
살고 싶어요. 그래서 당신 없이 하루도 살지 않기를 바래요."</blockquote>

이 프리젠테이션은 수 두프리즈가 한 것이다.

아브라함 링컨은 그만두지 않았다

아브라함 링컨은 여러 번 그만둘 수 있었지만 그만두지 않았으며 그만두지 않았기 때문에 미국 역사상 가장 위대한 대통령 중의 한 명이 될 수 있었다.

계속하겠다는 책임감은 우리 모두에게 있다.
투쟁하겠다는 의무는 우리 모두의 의무이다.
나는 그 의무에 응해야 한다는 것을 느꼈다.

그만두지 않은 사람에 대해 알고 싶다면
아브라함 링컨 이외의 다른 사람을 찾지 말라.

가난한 집에서 태어난 링컨은 일생을 통해 여러 번의 패배 앞에 당면했었다. 그는 여덟 번의 선거에서 낙선하고, 사업은 두 번 실패했으며, 신경쇠약으로 고통을 겪었다. 그러나 링컨은 승자였으며 결코 포기하지 않았다. 여기 링컨이 백악관으로 가기까지의 여정을 요약해 놓았다.

1831년 – 사업 실패

1832년 – 주의원 선거 패배

1833년 – 두 번째 사업 실패

1836년 – 신경쇠약으로 고통 받음

1838년 – 연설가로서 패배함

1840년 – 선거인으로서 패배함

1843년 – 국회의원으로서 패배함

1848년 – 국회의원으로서 패배함

1855년 – 부통령으로서 패배함

1858년 – 상원의원으로서 패배함

1860년 – 미 대통령에 당선됨

"길은 닳아 미끄러웠다. 내가 미끄러지면서 다른 사람을 넘어지게 했다. 그러나 나는 자신에게 말했다. 이것은 미끄러진 것이지 실패한 것이 아니다." 상원 선거에서 낙선한 링컨은 그렇게 말했다.

다이아몬드의 밭

- 러셀 콘웰 목사

인더스 강에서 멀지 않은 곳에 알리 하펫이라는 나이 많은 페르시아 농부가 살고 있었다. 알리 하펫은 큰 농장과 과수원, 곡식밭과 야채밭을 가지고 있었다고 한다. 그는 돈도 많았으며, 부유해 부족한 것이 없는 사람이었다. 그는 부유했기 때문에 만족했으며 만족했기 때문에 부유했다. 하루는 동양에서 가장 현명한 사람 가운데 한 명인 불교 승려가 늙은 페르시아 농부를 찾아왔다.

승려는 불가에 앉아 늙은 농부에게 우리가 사는 이 세상이 어떻게 만들어졌는가에 대해 이야기했다. 그는 이 세상이 한때는 안개였는데 신이 그 안개에 손가락을 대고 서서히 움직여 젖기 시작하다가 더 빨리 젖자 단단한 불덩어리가 되었다고 했다. 그 불덩어리는 우주를 굴러다니며 다른 안개를 태우고 밖에 있는 습기를 농축시켜 그것이 비가 되어 뜨거운 불표면에 내려 홍수가 일어나자, 그 표면이 굳어져 딱딱하게 된 것이다. 속에 있는 불들은 갈라진 틈으로 산과 언덕, 이 세상의 평야와 초원을 토해냈다. 땅속에 녹아 있는 불덩어리가 나와 아주 빨리 식으면 화강암이 되고, 덜 빨리 식으면 구리가 되고, 그보다 천천히 식으면 은이 되고, 더 천천히 식으면 금이 되고, 마지막으로 다이아몬드가 되었다.

늙은 승려가 말했다. "다이아몬드는 햇볕이 응고되어 떨어진 것이오." 다이아몬드가 태양으로부터 나온 탄소의 퇴적물이라는 것은 실제로도, 과학적으로도 사실이다. 늙은 승려는 알리 하펫에게 엄지 손가락만한 다이아몬드를 갖고 있으면 한 군을 살 수 있으며, 다이아몬드 광산을 갖고 있으면 그 부의 영향으로 자녀들을 왕좌에 앉힐 수 있다고 했다. 알리 하펫은 다이아몬드에 대해 그것이 얼마나 가치 있는 것인지 듣고 그날 밤 가난한 사람이 되어 잠자리에 들었다. 그는 아무 것도 잃은 것이 없었다. 그러나 그는 만족하지 못 했기 때문에 가난했으며 그가 가난하다는 것이 두려웠기 때문에 그는 만족하지 못했다.

알리 하펫은 말했다.	"난 다이아몬드 광산이 갖고 싶어." 아침 일찍 그는 승려를 찾아 이렇게 말했다. "다이아몬드를 어디서 찾을 수 있는지 말씀해 주시겠습니까?"
승려가 말했다.	"다이아몬드라! 왜 그것을 원하죠?"
알리 하펫이 말했다.	"왜냐구요? 부자가 되고 싶거든요."
승려가 말했다.	"그렇다면 가서 찾아보세요. 할 일이라곤 그것뿐이네요. 가서 찾아보십시오. 그러면 갖게 될 것입니다."
알리 하펫이 말했다.	"하지만 어디로 가야 할지 모릅니다."
승려가 말했다.	"두 개의 산 사이에 있는 흰 모래 사이를 흐르는 강을 찾는다면 그 흰 모래에서 다이아몬드를 찾을 수 있을 겁니다."
알리 하펫이 말했다.	"그런 강이 있을 것 같지 않군요."
승려가 말했다.	"많이 있습니다. 당신이 해야 할 일은 나가서 찾는 것입니다. 그러면 그것들을 갖게 됩니다."
알리 하펫이 말했다.	"가겠습니다."

그래서 그는 농장을 팔고 돈을 모은 뒤, 이웃에게 가족을 맡기고는 다이아몬드를 찾아 떠났다. 그는 유럽으로 가 돌아다녔다. 돈이 다 떨어지자, 옷은 누더기가 되었고, 비참하고 가난한 처지가 되었다. 그는 스페인 바르셀로나에 있는 바닷가 언덕에 서 있었다. 그때, 큰 파도가 밀려와 헤라클레스 기둥 사이로 몰려왔다. 그 무서운 유혹을 거부하지 못 하고, 이 가엾고, 고난을 겪고, 고통당하고, 죽어가는 노인은 몰려오는 파도로 뛰어들었다. 그는 부서지는 거품 속으로 가라앉아 다시는 헤어나지 못 했다.

알리 하펫으로부터 밭을 구입한 사람이 하루는 낙타를 몰고 물을 마시러 정원으로 들어갔다. 낙타가 그 정원에 있는 얕은 냇물을 향해 머리를 숙이는 순간, 그는 냇물에 있는 흰 모래에서 반짝이는 것을 발견했다. 그는 무지개 빛깔을 내는 검은 돌을 집어 들었다. 그는 그 돌을 집으로 가져가 벽난로 덮개 위에 올려놓고는 잊어버리고 말았다.

며칠 후, 이 승려가 알리 하펫의 밭을 산 사람을 찾아왔다. 그가 응접실 문을 여는 순간, 벽난로 덮개 위에서 빛나는 것을 보고는 외쳤다.

"여기 다이아몬드가 있군요. 알리 하펫은 돌아왔습니까?"

농장 소유주는 말했다. "아뇨. 알리 하펫은 돌아오지 않았습니다. 그리고 그것은 다이아몬드가 아닙니다. 그것은 우리 정원에서 주운 돌일 뿐입니다." 승려가 말했다. "나는 다이아몬드를 보면 압니다. 이것은 분명 다이아몬드입니다."

그들은 밖으로 나가 그 오래된 정원에 있는 흰 모래를 손가락으로 뒤집어봤다. 아! 그곳에는 먼저 것보다 더 아름답고 가치 있는 보석들이 있었다.

골콘다에서 다이아몬드 광산이, 그것도 킴벌리의 그것을 능가하는, 인류 역사상 최대의 다이아몬드 광산이 발견된 것은 역사적인 일이다. 영국과 러시아의 코히누어, 오를로프 왕관 보석들은 그 광산에서 나온 것들로서 세계에서 가장 큰 것들이다.

이 이야기가 주는 교훈은 만일 알리 하펫이 비참한 신세가 되어 굶주린 채 타국에서 자살하는 대신, 집에 남아 자신의 땅을 파거나, 밀밭 밑을 파거나, 정원을 팠더라면 광산을 가질 수도 있었다는 것이다.

'다이아몬드의 밭'

그 늙은 농부의 모든 밭은 삽으로 파낼 때마다 군주의 왕관을 장식하는 보석을 내놓았다. 그것들은 그동안 땅에 묻혀 있었던 것이다.

시간의 무대를 넘어서
- 부르스 바튼 1924년, 라디오 방송에서

성경의 가르침을 받고 자라온 사람들은 요셉의 놀라운 이야기에 대한 기록을 기억할 것이다.

그것은 어떻게 그가 어려운 상황에서 고국을 떠나 낯선 나라에 왔으며 근면함을 통해 그의 지위가 왕 다음의 서열이 되었는지 보여준다.

성경의 해설을 보면, 요셉이 큰 성공을 거둬 그가 온 나라에 알려졌음을 알 수 있다. 그의 여정의 절정에서 성경은 갑자기 우리를 놀라게 한다. 아무 준비나 설명도 없이 성경은 느닷없이 이렇게 말한다.

> "요셉이 죽고, 그를 모르는 새 왕이 일어나
> 애굽을 다스리더라."

그 문장은 이제까지 사업의 전기를 기록한 내용 가운데 가장 망연자실하도록 만드는 문장이다. 그는 모든 사람이 알만큼 유명한 사람이었다. 그런데 그토록 빨리 몇 사람이 죽고, 몇 사람이 새로 태어나자, 아무도 그를 모르는 것이었다.

> 인간 생명의 조수는 멈추지 않고 이어져왔다.

그 이야기를 현대의 이야기에 적용시켜 보자.

한 시간 전에 이 나라에는 병들어 자리에 누워있던 노인들이 수 천 명이나 되었다. 그 사실을 말하는 것은 무례하지만 사실이다. 이 한 시간 동안 그 노인들은 죽었으며 그들의 생각 속에 깃들었던 호의도 죽어간 것이다. 과거의 광고에 의해 이뤄진 모든 투자도 제품이 판매되지 않는 다른 세상으로 가버린 것이다.

같은 시간에 역시 망연자실하도록 만드는 또 다른 사건이 일어나고 있다.

건장한 수 천 명의 소년, 소녀들이 태어났는데 광고로 인해 알려진 제품들은 그들에게 아인슈타인의 논리처럼 아무 의미가 없는 것이 되었다.

그들은 마쓰다 램프와 리글리 껌의 차이를 구분하지 못한다. 아무도 아이보리 비누가 물에 뜬다는 것과 아이들이 카스토리아를 달라고 하는 것에 대해 말해주지 않았다.

인간의 쿵쿵거리는 발자국 소리는 시간의 무대를 넘어 끊이지 않았다. 매일 매시 왕은 - 그것은 대중을 가리킨다 - 죽어간다. 그런데 요셉을 모르는 새로운 왕이 태어났다.

모퉁이에서

이 끝없는 거대한 도시 모퉁이에 나는 친구가 있었네.
그러나 하루가 가고 일 주일이 지나는 사이
나도 모르게 일 년이 가버렸네.
나는 옛 친구의 얼굴을 보지 못 했네.
인생은 빠르고 무서운 전쟁이기 때문일세.
그는 내가 그를 좋아한다는 것을 알고 있네.
내가 그의 집 벨을 누르던 날, 그도 그랬던 그 시절처럼.
그때 우리가 어렸다면 지금은 바쁘고 피곤한 성인일세.
어리석은 게임을 하고 명성을 얻기 위해 지친 어른일세.

"내일은 짐을 보러 가야지" 나는 말한다.
"내가 그를 생각하고 있다는 것을 알려줘야지."

그러나 내일은 오고 내일은 가는 것.
우리의 사이는 점점 멀어져간다.
길모퉁이 - 그러나 수 마일이나 멀리 있다.

"전보요…"
"짐, 오늘 사망."

그것이 우리가 마지막에 얻는 것이다.
길모퉁이, 친구가 가버렸다.
누군가를 사랑한다면 그들에게 말하라.
말한 것의 의미를 항상 기억하라.
자신을 나타내는 것을 결코 두려워하지 말라.
누군가 여러분에게 의미하는 것을 그들에게 말할 기회를 가져라.
오늘을 포착하고 후회하지 말라.
가장 중요한 것은 친구와 가족 가까이 머무는 것.
이는 오늘의 여러분이 있도록 도와준 것들이며 어쨌든 그 모든 것이기 때문이다.

이유-계절-일생

당신은 무엇인가? 이유인가? 계절인가? 아니면 일생인가?

사람들은 여러분의 삶에 이유로, 계절로, 혹은 일생으로 온다. 어떤 것이 그것인지 생각해보면 여러분은 각 사람에게 무엇을 해야 할지 알 것이다.

이유인가?

누군가 여러분의 생애에 어떤 이유로 존재할 때… 그것은 대개 여러분이 말한 필요사항을 충족시키기 위해서다. 그들은 어려움을 통해 여러분을 돕고 인도와 도움을 제공하고, 신체적으로, 정서적으로, 혹은 영적으로 여러분을 돕는다. 그들은 마치 신이 보낸 사람들과 같다. 그것은 사실이다. 그들이 그곳에 있는 이유는 여러분이 그들을 필요로 하기 때문이다. 그런데 여러분이 잘못한 것도 없이, 또는 불편한 시기에 이 사람은 관계에 종말을 가져오는 말을 하거나 어떤 일을 하게 된다. 때로 그들은 죽기도 한다. 때로 그들은 멀리 가버린다. 때로 그들은 강제로 여러분을 홀로 세워둔다. 우리가 알아야 할 것은 우리의 필요사항이 요구되었으며, 소망이 이뤄지고, 그들이 해야 할 일이 끝났다는 것이다. 여러분이 올린 기도는 응답된 것이다. 이제는 계속 전진할 때이다.

계절인가?

어떤 사람은 여러분의 삶에 계절로 오기도 한다. 여러분이 나누고, 성장하고, 배울 때가 되었기 때문이다. 그들은 여러분에게 평화로움을 경험하도록 하고 웃음을 가져다줬다. 그들은 여러분이 전에 해 본 적이 없는 것을 가르쳐줄 수도 있을 것이다. 그들은 일반적으로 여러분에게 믿을 수 없을 정도의 기쁨을 준다. 그것을 믿어라! 그것은 사실이다. 그러나 잠시 뿐이다.

혹은 평생인가?

평생의 관계는 여러분에게 평생의 교훈을 가르친다. 그 교훈은 확고한 정서적인 기반을 갖기 위해 여러분이 지녀야 할 것들이다. 여러분이 해야 할 일은 교훈을 받아들이고, 사람들을 사랑하고, 여러분이 배운 것을 여러분의 삶에서 모든 관계와 분야에 사용하는 것이다. '사랑은 장님이지만 우정은 천리안' 이라는 말이 있다.

탁월한 사람이 되겠다는 결단

– 빈체 롬바르디

나는 풋볼에 대해 거의 모든 것을 빚졌다.
그것을 위해 생애의 중대한 부분을 써버렸다.
나는 중요하다고 생각되는 게임을 위해 존경심이나 칭찬이나 사랑을
잃어본 적이 없다.
경기 후, 일요일이면 한 팀은 승리를 맛보고 다른 팀은 패배의 쓸쓸함에 몸부림친다.
많은 상처들은 승리를 얻기 위해 치르는 작은 대가이며
패한 것에 대해서는 어떤 적절한 이유도 없다.

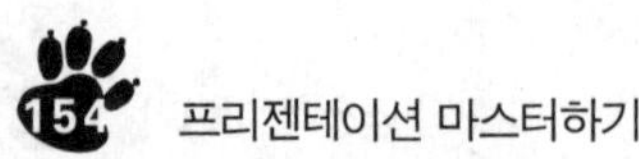

승자는 100% 의기양양하고 100% 웃고 100% 설명이 되고 100% 결단이 된다.

경기는 마치 인생처럼 생각된다.
모든 사람이 탁월함과 승리를 위해 개인적인 각오를 한다.
궁극적인 승리는 결코 완벽하게 오지는 않지만 온 마음을 다해 추구되어야 하며
매주 새로운 시합이 있고 매년 새로운 도전이 있음을 알아야 한다.

모든 링과 모든 돈과 모든 색깔과 모든 과시도 오직 기억 속에서만 가물거린다.
그러나 승리하겠다는 정신과 의지, 탁월하겠다는 의지
이것들만이 영원하고 이것들만이 다른 어떤 것보다도 중요한 자질들이다.

어떤 사람의 삶에서든 그의 자질은 어떤 상황에 처하든 탁월해지고 승리하겠다는
개인적인 각오라고 말하고 싶다.

로즈를 생각하라

　대학 첫 강의 때, 교수님께서는 당신의 소개를 한 후, 우리에게 처음 만나는 급우들과
인사할 기회를 주셨다. 바로 그때, 부드러운 손길이 내 어깨에 와 닿았다. 뒤를 돌아보
자, 주름이 쭈글쭈글한 아담한 키의 노부인이 환하게 미소를 짓고 있었다. 그 분의 첫 마
디는 "안녕, 미남자! 내 이름은 로즈예요. 87살이죠. 한 번 안아줘도 될까?"였다. 나는
폭소를 터뜨리며 그렇게 하라고 대답했다. 그러자 그 부인은 내게 엄청나게 힘찬 포옹을
해주셨다. 대학에 왜 다니는지 내가 묻자, 그녀는 농담하듯, "갑부와 결혼해 아이를 낳고
은퇴해 여행이나 하려고요"라고 대답했다. 나는 그녀의 나이에 이런 모험을 하게 된 진
짜 이유가 궁금해 들려달라고 청하자, "난 언제나 대학에서 공부하길 꿈꿔왔어요. 그래
서 대학에 왔을 뿐이죠!"라고 대답하는 것이었다.
　수업이 끝난 후, 우리는 초콜렛 밀크 쉐이크를 함께 마시고 금방 친구가 되었다. 그
후, 석 달 동안 우리는 매일 함께 교실을 나섰고 끊임없이 이야기했다. 나는 그녀의 경험

에서 비롯된 지혜들에 매료되었고 이 타임머신을 타고 있는 듯한 기분에 푹 빠져 있었다. 그 해가 저물고 로즈는 캠퍼스의 명물이 되었고 그녀의 주위에는 항상 친구들로 북적거렸다. 그녀는 예쁘게 차려입는 것을 좋아했으며 우리 모두는 그녀를 매우 좋아했다. 학기가 끝날 때쯤 우리는 로즈를 파티에 초대해 연설을 청했다. 소개를 받고 연단에 올라가 연설을 시작하려는 순간, 그녀는 조용한 목소리로, "내 연설은 짧을 겁니다. 그냥 내가 아는 것 몇 가지만 말씀드리죠"라고 운을 떼었다. 다음은 그 연설의 일부다.

"우리가 더 이상 인생을 즐기지 않는 것은 늙었기 때문이 아닙니다. 다만 우리가 더 이상 인생을 즐기려고 하지 않기 때문에 늙어가는 거죠. 젊고, 행복하며, 성공을 낚으면서 사는 삶에는 이런 세 가지 비밀이 있습니다.

첫 번째, 매일 웃으며 유머를 즐겨야 합니다.

두 번째, 꿈을 가져야 합니다. 꿈을 잃게 되면 죽은 것과 같습니다. 우리 주변엔 죽은 채 돌아다니면서도 그것조차 알지 못 하는 사람들이 너무 많아요! 늙어가는 것과 성장하는 것 사이에는 엄청난 차이가 있죠. 여러분이 19살인데 1년 동안 아무 것도 하지 않고 가만히 누워 있어도 20살이 될 수는 있습니다. 87살인 내 경우도 마찬가지예요. 누구나 나이를 먹는 것이고, 그게 그리 대단한 재주나 능력은 아니라는 거죠. 제가 하고 싶은 말은 언제나 변화할 수 있는 기회를 찾으며 스스로를 성장시키라는 것입니다.

세 번째, 후회하지 말아야 합니다. 보통, 나이든 사람들은 우리가 한 일보다는 하지 않은 일들에 대해 후회를 합니다. 죽음을 두려워하는 사람은 후회하는 사람들밖에 없죠."

로즈 부인은 마지막으로 당당하게 '장미(The Rose)'를 열창하며 연설을 마쳤다. 그녀는 우리들 각자가 그 가사를 되새기며 하루하루를 의미 있게 보내길 격려했던 것이다. 그 해가 질 무렵, 로즈 부인은 학위를 받았다. 그리고 졸업식 일 주일 뒤, 평화롭게 잠든 채 세상을 떠났다. 2천 명이 넘는 대학생들이 그녀의 장례식에 참석해 '자신의 삶'이라는 훌륭한 예로 "꿈을 이루는 데 결코 늦은 때란 없다"라는 교훈을 가르쳐준 위대한 여인을 추모했다.

최고의 연설에 도전하라

- 젠 루

여러분은 단 한 번이라도 최고를 향해 온 힘을 다해 노력해볼 생각을 한 적이 있는가? 용기를 가지고 위험에 맞서 도전해보기로 했다면 어떨까? 결론부터 말하자면, 나는 그렇게 하는 쪽이 시도조차 해보지 않고 끝내는 것보다 결국은 덜 위험하다고 생각한다.

대학축구나 NFL 프로미식축구, NBA 프로농구나 테니스, 레슬링, 럭비, 프로골프 투어 등과 같은 경기들을 본 적이 있을 것이다. 아니라면 최소한 올림픽과 같은 어떤 스포츠와 관련된 행사라도… 아스펜에서 열리는 월드컵 스키대회는 24시간 동안 쉬지 않고 스키를 타는 대회로서 관중들이 많이 몰린다. 상위 선수들이 돈을 많이 번다는 것은 여러분도 알고 있을 것이다. 그들은 끊임없이 연습하고, 최상의 몸 상태를 유지하며, 은퇴한 후에는 스포츠 중계자가 되기도 하고, 코치나 골프선수가 되기도 한다. 우리는 이런 '프로'들로부터 보고 배워야 한다, 계속 메모하고, 그들이 시합에서 이긴(혹은 진)후의 인터뷰 기사들을 눈여겨보라. 이왕 할 바에는 전문가 즉, '프로'가 되어야 한다!

챔피언들은 늘 최고에 도전한다. 그들은 최선을 다해 싸우고, 경기장에서 경기하는 것을 즐긴다. 그들은 진실로 슈퍼볼 시작종이 울리기를 원하고, 또 기다리고 있는 것이다. 그들은 관중으로 남는 것에 만족하지 않으며, 다른 사람이 이기는 것을 보고 싶어 하지도 않는다. 그들은 스스로와 팀에 대해 그리고 그들이 이루고자 하는 것에 대해 자부심을 가지고 승리의 순간과 최고의 자리에 우뚝 서는 순간을 그린다. 여러분은 프로선수가 실수하고 공을 놓치는 것을 본 적이 있는가? 그럴 때, 그들은 포기해버리는가? 아니다. 그들은 금방 제자리로 돌아온다. 왜냐하면 그들은 자신과 운명까지도 컨트롤할 수 있는 프로이기 때문이다. 경기가 크든 작든 그들은 미소를 지으며 즐겁게 플레이한다. 왜냐하면 그들은 프로이고, 전문가이며, 경기로 돈을 버는 사람들이기 때문이다. 그들은 이기기 위해 경기를 하며, 그 외의 결과에는 어떤 경우에도 승복하지 않을 것이다. 그들은 최고에 도전하는 것이다! 우리는 그 프로들, 쭉 전문가로 살아온 그들로부터 너무나 많은 것을 배울 수 있다. 그들을 주목하라. 성공이 있으면 성공요인도 있다. 우리는 그것을 찾아내야 한다.

전 세계의 카지노는 밤낮으로 도박을 즐기며 수천만 달러를 쓰는 사람들로 넘쳐난다. 그들이 카지노의 문을 열고 들어올 때, 그 얼굴엔 희망과 꿈이 서려 있다. 그리고 그들은 여러 종류의 슬롯머신 앞에서 시간을 보낸다. 짤랑거리면서 쏟아져 나오는 동전 소리로 인해 그 돈을 내가 딸 수 있으리라는 희망을 갖기도 하지만 단지 가능성일 뿐이다. 최고에 대한 도전은 없고 단지 희망만이 있을 뿐이다. 단지 재미로 하는 거라면 문제 없지만 그 가능성 없는 희망에 사로잡혀 카지노를 드나든다면 치명적인 결과를 낳을 수 있다. 도박꾼이 안 된다며 포기하고 그만두는 걸 본 적이 있는가?

물론 있을 것이다. 점차 그들은 포기하게 된다. 왜냐하면 그 자체가 모두 가능성에 매달리는 것이고 스스로가 통제할 수 있는 것이라고는 아무 것도 없기 때문이다. 그러나 여러분은 도전하고 챔피언의 위치에 올라설 수 있다! 그러기 위해 여러분은 단지 최고에 도전하며 결코 포기하지 않을 것이라는 결심만 하면 된다. 여러분은 비행기를 타고 여행해 본 적이 있는가? 세상에는 세계를 돌아다니는 사람들이 많이 있다. 그들은 분주히 여행하며 시간을 보내는 사람들이다. 그들은 사업용 정장을 차려입고 끊임없이 노트북과 보고서에 매달리며 바쁘게 살아간다. 착륙 후에도 즉시 휴대폰을 꺼내 약속 잡기에 분주한 그들이다. 하지만 이처럼 많은 사람들이 인생을 바쁘게 살아감에도 불구하고 최고에 도전하려는 사람들은 많지 않다.

자, 지금까지 내 얘기를 들으면서 여러분은 최고에 도전한다는 것에 대해 한번쯤 생각해봤는가? 여기 그 방법이 있다. 우선 프로들을 연구하라. 여러분이 살고자 하는 삶을 살고 있는 사람들을 연구하고, 그들이 읽고 보고 참여하는 것이 무엇인지 알아내라. 물론 먹는 것도 알아야 한다. 이 말은 단순히 그들의 자잘한 생활습관을 모방하라는 것이 아니다. 그들이 평소에 어떻게 최고를 지향하고 긍정적인 결과를 얻고 있는지를 알아내고 배우라는 것이다. 부자가 되고 싶다면 부자를 연구해야 하는 것과 마찬가지로 프로가 되고 싶다면 프로를 연구해야 한다. 우선, 결심부터 하라. 여러분은 언제든지 프로의 대열에 낄 수 있다. 단, 여러분이 최고에 도전하기로 결심만 한다면 말이다. 최선을 다해 최고가 되도록 노력하라!

왜 나는 할 수 없다거나 지금은 할 수 없다고 생각하는가?

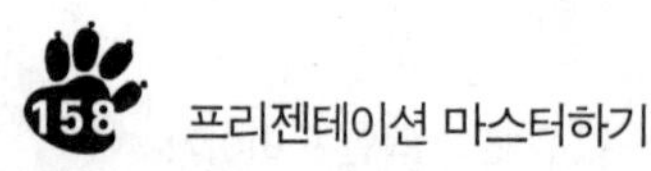

 프리젠테이션 마스터하기

당신이 존경하는 최고에 도전한 사람은 누구인가? 이제 당신의 차례가 아니던가? 아마 그럴 것이다. 최고가 되어 아래를 내려다볼 때의 기분에 비할 수 있는 것은 아무것도 없다. 친구여, 최고에 도전해 최선을 다해 "그랬으면 좋았을 걸"이 아닌, "그렇게 하길 정말 잘했어!"라고 말할 수 있는 사람이 되길 바란다.

"나는 럭비 경기가 시작되기만을 정말로 기다린다.
게임이 시작되는 순간부터 나는 최고에 도전하기
때문이다."

– 마르커스 리치, 웨일즈 국립 청소년 럭비팀–

열정을 갖기로 다짐하라!

– 젠 루

이메일, 전화, 대화, 미팅 등 모든 수단을 동원해
당신의 소망과 바라는 바를 알려라!
당신이 원하는 것을 보여줘라!

열정을 가져라! 당신 주변 사람들을 향해.
열정을 가져라! 당신에게 아픔을 준 사람들을 관대히 용서하라!
열정을 가져라! 말을 할 때는 신중히 하라!

기적을 믿고 희망을 버리지 말 것이며, 당황하지도 말라!
당신 자신을 믿어라!
성공한 사람들의 자리로 오라, 당신을 위한 자리가 비어 있다!
당신이 하는 옳은 일에만 정신을 집중하라!

당신의 목표와 꿈, 그리고 희망만을 생각하라!
인간은 절대 완벽하지 않으니 스스로를 용서하라!
열정을 분출하라!
원하는 것에 대한 희망을 키워라!
당신은 강하다!
이미 지난 일은 되돌릴 수 없다!

당신은 그리 어렵지 않게 성공할 수 있다!

열정을 가진 채 기다려라! 그 이유가 무엇이든.
그러기로 결심한 날이 곧 당신의 인생을 송두리째 바꿔놓을 날이 될 것이다!
열정을 가져라! 당신의 인생을 위해!

왜 나는 할 수 없다거나 지금은 할 수 없다고 생각하는가?
당신이 아니면 누가 한단 말인가?

바램

- 막스 어만

소음과 허둥댐에 휩쓸리지 말고 평온하게 갈 길을 가라.
그리고 조용함 속의 평화를 생각하라.
굴복하지 않되 모든 다른 사람에게 가능한 한, 친절히 대하라.
조용하고 분명히 당신의 생각을 말하라.
아무리 멍청하고 무지한 사람이라도 그들 나름대로의 내력이 있다.
시끄럽고 공격적인 사람을 피하라. 그들은 골칫덩어리다.
스스로와 다른 사람을 비교한다면 허무하거나 씁쓸해질 것이다.
당신보다 못 하거나 잘난 사람들은 반드시 있기 때문이다.

계획을 세울 때와 마찬가지로 성공을 기뻐하라.

자신이 하는 일이 아무리 보잘 것 없더라도 그 일을 소중히 여겨라.
급변하는 인생에서 그것은 진실로 당신의 소유이기 때문이다.
사업을 할 때, 조심하는 법을 익혀라. 세상은 속임수로 가득 차 있다.
그렇지만 그것 때문에 진실을 간과해서는 안 된다.
많은 사람들이 높은 이상에 시달리며 세상은 영웅주의로 넘쳐난다는 것을.
자기 자신에게 진실하라.
특히 어떤 일이 있더라도 애정을 가장해서는 안 된다.
그렇다고 사랑에 대해 냉소적으로 굴지도 말라.
왜냐하면 사랑은 무관심한 얼굴과 마법을 푸는 주문에도
잡초처럼 영원한 것이기 때문이다.
젊음에 항복하고 세월의 충고를 따르라.
영혼을 강하게 만들어 갑자기 일어날 불행에 대비하라.
그러나 나쁜 상상은 금물이다.
두려움은 대부분 피로나 외로움에서 기인한다.
그러나 그 무엇보다 중요한 것은 자기 자신을 소중히 하라는 것이다.
당신은 나무나 풀들과 똑같은 우주의 산물이다.
당신에게는 살아 있을 권리가 있다.
그리고 당신이 알든 모르든
우주는 점점 그 비밀을 밝히고 있다.
그러므로 당신이 섬기는 신이 무엇이든 그의 안에서 평화를 찾아라.
그리고 이 시끄럽고 혼란스러운 삶 속에서
당신의 임무와 소망이 무엇이든
영혼의 평화를 지켜라.
모든 위선과 고됨, 깨진 꿈들이 있음에도
세상은 여전히 아름답다.
활기찬 삶을 누리고 행복해지기 위해 애써라.

보트를 놓치지 말라

-에드워드 루드브룩

며칠 동안이나 비가 퍼붓고 있었고
모두 계곡이 범람할 것을 알고 있었을 때,
짐은 혼잣말로 이렇게 말했다.
"괜찮을 거야… 내가 하나님께 기도했으니
내게 신호를 해 날 살려주실 거야."

얼마 후, 누군가 문을 두드렸고 짐이 문을 열자,
경찰관 한 명이 서 있었다. 그는 이렇게 말했다.
"어서요, 트럭을 가져왔으니 어서 갑시다!
댐이 무너졌어요. 계곡이 범람할 겁니다."

짐이 대답하길,
"가세요, 전 괜찮아요. 하나님께 기도했으니 살 수 있어요."

이제 물은 지붕까지 올라왔고 짐은 익사하고 말았다.
짐은 천국에 도착해 화를 내며 신에게로 달려가
따졌다: "어떻게 된 겁니까?
나는 기도하고 또 기도했습니다.
왜 날 구해주지 않았나요?"

신은 대답했다. "무슨 도움이 더 필요했는가?
경찰관, 보트, 그리고 헬리콥터까지 보냈는데도
다른 어떤 도움이 필요했단 말인가?"

포기하지 말라

일이 생각대로 되지 않고
당신이 걷는 길이 너무 가파르게 여겨질 때,
주식 시세는 하락하고 빚만 많을 때,
웃기보단 한숨 쉴 때가 많을 때,
걱정이 당신을 내리누르고 있을 때,
꼭 필요하다면 잠시 쉬어라.

하지만 포기해선 안 된다!

인생이란, 역경과 시련으로 우리를 당황시킨다.
우리들 모두가 알고 있는 것처럼.
그리고 많은 사람들은 실패에 부딪혀 돌아서버린다.
성공으로 향한 길이 더디게 느껴지더라도 절대 포기하지 말라.
언젠가 어떤 계기로 인해 갑자기 성공이 다가올 수도 있다.

많은 사람들이 조금만 참았으면 승리의 잔을 움켜쥐었을
그 순간에 포기해버린 한참 후에야
성공에 얼마나 가까이 있었는지를 깨닫고 후회한다.

성공은 실패와 백지 한 장 차이다…
최고로 힘든 순간에도 끊임없이 노력하라.
최악의 순간이 바로
절대로 포기해선 안 되는 순간이다.

조급한 결정은 금물이다

수 년 전, 빛바랜 깅엄 옷을 입은 부인이 촌스런 누더기 옷을 입은 남편과
보스턴에 도착해 열차에서 내렸다. 그리고 사전에 약속도 하지 않은 채
 하버드 대학 총장실로 서둘러 향했다. 비서는 눈살을 찌푸리며
이렇게 촌스럽고 지저분한 사람들은 하버드는 물론이고
캠브리지에 들어올 자격조차도 없다고 생각했다.
"총장님을 뵙고 싶습니다"라고 남자가 부드럽게 청했다.
비서는 즉시 "총장님은 온종일 바쁘세요"라고 쌀쌀맞게 대답했다.
그러자 부인은 기다리겠다고 했다.
몇 시간 동안 비서는 그들을 무시하며 언젠가는
지쳐 돌아가길 바라고 있었다.
그러나 그들은 돌아가지 않았다.
마침내 초조해진 비서는 총장에게 "몇 분만 만나주시면 돌아갈 것 같습니다"라고 말하
자, 총장은 몹시 화가 났지만 한숨을 쉬고는 고개를 끄떡였다.
총장은 아주 중요한 사람들조차도 만날 여유가 없었지만
깅엄 드레스와 누더기 옷을 입은 사람들이 사무실 밖에 서성이는 것도 싫었다.
자긍심으로 굳어진 얼굴의 총장은 그 부부를 으스대며 맞았다.
부인은 "저희 아들이 여기서 일 년 동안 다녔습니다. 그 아이는
여길 정말 좋아했지요. 그런데 일 년 전쯤 갑자기
사고로 죽었어요. 우리는 그 아이를 추모할 만한 것을
캠퍼스에 세우고 싶어 찾아왔답니다."
총장은 감동은 고사하고 충격을 받아 거칠게 응수했다.
"부인, 우리는 하버드에 다녔다가 죽은 이들 모두에게
추모비를 세워줄 수는 없습니다. 그랬다가는 학교가 아니라
묘지처럼 보일테니까요."
부인은 재빨리 대답하길, "아뇨, 우리는 추모비를 세우려는 게 아닙니다.

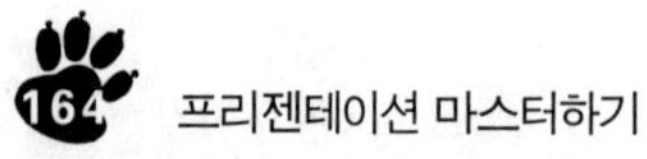

저희는 하버드에 건물 하나를 기증할까 합니다"라고 했다.
총장은 눈이 휘둥그래져 깅엄 드레스와 누더기 옷을 바라보고는
"빌딩이라구요! 당신들은 빌딩 한 채를 짓는데 얼마가 드는지
알기나 합니까? 하버드 전체 부지와 빌딩은
시가 7억 5천만 달러가 넘어요!"라고 소리쳤다.
부인은 잠시 침묵했다. 총장은 이제 두 사람을
내보낼 수 있겠다는 생각에 내심 기뻤다.
그리고 부인은 남편에게 조용히 말했다.
"대학을 세우는 데 그 정도면 되는 거예요? 그러면
아예 우리가 대학을 하나 만드는 게 낫겠군요."
남편은 고개를 끄떡였다. 총장의 얼굴은 혼동으로 새파래졌고
리랜드 부부는 캘리포니아에 있는 팔로알토로 떠났다.
그리고는 거기에 아들의 이름을 딴 대학을 설립했다.

모두, 누군가, 누구나 그리고 아무도

이것은 모두,
누군가,
누구나,
그리고 아무도
라는 이름을 가진 네 사람에 대한 이야기이다.

어떤 중요한 임무가 주어졌고 모두는
누군가가 그 일을 할 것이라고 생각했다.

사실 누구나 할 수 있는 일이었지만 아무도 하지 않았다.
누군가는 거기에 화가 났다. 왜냐하면 그것은

모두의 일이었기 때문이다.

모두는 누구나 그 일을 할 수 있으리라 생각했지만
모두가 그 일을 하지 않을 것이라는 사실은 아무도 모르고 있었다.

　결국은 누구나가 할 수 있었던 일을 아무도 하지 않음으로써 모두가 누군가를 비난하
는 것으로 끝났다.

믿음

- 로이 캠퍼넬라, 포수
월드시리즈 챔피언인 브루클린 다저스의 일원

우리는 거친 피를 타고 났다.
만일 그렇지 않았다면 오늘날 우리는 살아남지 못 했을 것이다.
그렇다, 우리는 거친 종족이다. 많은 면에서 우린
모두에게 주어지지 않는 영혼과 총명함으로 축복받았다.
그러나 한 사람의 장애를 수용하기를 거부하는 것은
오직 한 가지, 믿음과 관련된 것이다.
거의 신성하기까지 한 믿음 말이다.

뉴욕시 동쪽 강 건너편에 있는 의약품 및 재활센터의 접수처 아래에는
청동으로 만든 명판이 벽에 고정되어 있다.
치료를 위해 그곳에 일 주일에 두세 번씩 드나드는 동안
나는 그 접수처를 지나갈 일이 많았다.
그러나 한 번도 휠체어를 멈추고 그 명판에
쓰인 글귀를 읽어볼 생각을 하지 못 했다.
거기에는 무명의 한 남군 병사의 글이 쓰여 있었다.

어느 날 오후 나는 마침내 그 글을 읽어보고 다시 한번 읽었다.
두 번째로 다 읽었을 때, 나는 하마터면 울음을 터뜨릴뻔했다.
절망 때문이 아니라 휠체어 손잡이를 꽉 잡고 있어야 할 정도로
감정이 치솟았기 때문이다.
당신과 그 느낌을 나누고 싶다.

넬슨 만델라
- 1994년 취임식 프리젠테이션

우리가 가장 두려워하는 것은 자신이 부적합하다는 것이 아닙니다.

가장 두려워하는 것은 우리가 상상할 수 없을 만큼 강력하다는 것입니다.

우리를 가장 두렵게 하는 것은 어둠이 아니라 빛입니다.

우리는 자신에게 묻습니다. 내가 누구이기에 뛰어나고, 멋지고,
재능 있는, 굉장한 사람이 되어야 하는가?

실제로, 여러분이 될 수 없는 인물은 무엇입니까?
여러분은 하나님의 자녀입니다.

여러분의 작은 활동은 세상에 도움이 되지 못 합니다.
다른 사람들이 여러분 주위에서 불안을 느낄 만큼 움츠리는 것을 보여주는 것은
아무 것도 없습니다.

우리는 자신 속에 있는 하나님의 영광을 나타내기 위해 태어났습니다.
그 영광은 소수에게만 있는 것이 아니라 모든 사람에게 있습니다.

우리가 자신의 빛을 비치도록 할 때, 무의식중에 다른 사람들에게
똑같이 하도록 허락하는 것입니다.

자신의 두려움으로부터 해방될 때, 우리의 존재는
자동으로 다른 사람들을 해방시켜줄 것입니다.

결코 포기하지 말라

- 젠 루

　누군가 포기하지 않고 임무를 완수하기 위해 전진한 사람들에 대해 프리젠테이션 하는
것은 항상 기분 좋은 일이다. 다음의 이야기는 실화이다.

　1990년대 말, 한 고등학교 철인 풋볼 팀에서 운동하던 선수가 있었다. 이것은 모든 선
수가 대부분의 경기에서 여러 포지션을 맡아야 했음을 의미한다. 이 뛰어난 선수는 고등
학교 2학년 때, 세 개 주의 풋볼 기록을 깼는데 그것은 보통 일이 아니었다. 사실, 그는
한 경기에서 여덟 번의 터치다운을 기록하기도 했다. 그 기록은 몇 년 동안이나 계속 유
지되었다. 그의 코치, 친구, 가족들은 그를 자랑스럽게 여겼다. 3학년이 되자, 팀을 이룰
충분한 선수가 없어 그는 다른 지역의 팀에서 뛰기 위해 옮겨갔다. 그의 코치는 그 풋볼
팀의 코치가 되었다. 그 코치는 태도를 바꿔 이 선수에게 이렇게 말하기 시작했다. "넌
열심히 하고 있지 않아. 전처럼 잘하지도 못 하고, 경기에 나가면 질 거야. 대학 팀에 갈
수 없어. 포기하는 게 낫겠어." 그는 이런 부정적인 말로 이 선수에게 동기부여를 해주려
고 했다. 연습할 때마다 그는 그 선수에게 그런 부정적인 말들을 해주었다. 하루는 이 젊
은이가 연습을 마치고 집으로 돌아와 식탁에 머리를 대고는 어머니에게 풋볼을 그만두
고 싶다고 말했다. 그는 더 이상 운동도 하고 싶지 않고, 코치에게 비난도 받기 싫다고
했다. 그의 어머니는 그에게 마지막 시즌을 잘 마치고 결코 포기하지 말라고 격려했다.

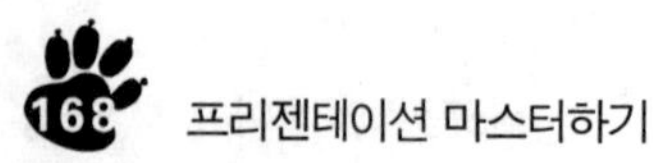

그것은 결정하기 힘든 일이었다. 이 젊은 풋볼 선수는 남은 시즌 동안 포기하지 않고 운동하기로 했다.

매일 그는 코치에게 자신이 게으르지 않다는 것과 경기에 지지 않는다는 것, 그리고 불과 전년도에도 세 개의 주에서 기록을 깼음을 보여줬다.

그 시즌의 마지막 경기, 고3으로서의 마지막 경기가 다가왔으며 그 전날 밤은 무척 추웠다. 경기가 시작되자, 모든 부모와 친구들은 관중석에서 응원할 준비를 하고 있었다. 그 젊은 선수는 1쿼터에서 공을 놓쳐 상대 팀에게 공격권을 빼앗기고 말았다. 코치는 그에게 심한 말을 하고, 소리를 지르면서, 벤치에나 앉아 있으라고 소리쳤다. 그 선수는 조용히 사이드라인으로 걸어가더니 경기장 가까이 어머니를 조용히 불렀다. 전에는 경기 도중에 어머니와 이야기를 한 적이 없었기 때문에 이것은 매우 특별한 일이었다. 그녀는 외야석 가까이 아들을 볼 수 있는 곳으로 걸어갔다. 풋볼 헬멧 안의 큰 갈색 눈에는 온통 눈물로 가득 차 있었다. 아들의 감정이 상한 것을 보는 것은 괴로운 일이었다. 젊은이는 어머니에게 이렇게 말했다. "엄마, 이제 거의 하프 타임이에요. 이제 라커룸으로 가면 난 그만두고 후반에는 뛰지 않을 거예요. 코치가 내게 끝났다고 했어요. 날씨가 추워요. 벤치에 앉아 있을 필요도 없어요. 전 나갈 거예요." 그녀는 있는 힘을 다해 아들의 갈색 눈을 쳐다보며 이렇게 말했다. "그만두면 안돼! 하프 타임이 되면 코치에게 가서 후반에도 뛸 거라고 말해라. 이 경기는 고등학교 시절 네가 하는 마지막 경기다. 절대 그만두지 말거라. 팀에서는 네가 필요해. 포기해서는 안돼. 절대 포기하지 마라!"

하프 타임이 되었다. 그녀는 흐르는 눈물을 참지 못 했다. 어떻게 그런 못난 코치를 만났단 말인가? 그 아들이 배운 것이 과연 뭐란 말인가? 코치가 그를 경기에 내보내지 않으면 어떻게 하는가? 그가 바라는 것을 더 지원하고 그에게 용기를 더 줘야 했는가? 이 아들은 남은 생애에서 얼마나 더 격려를 받아야 하는가?

후반전 준비를 하면서 경기를 포기하지 않기로 한 이 젊은 선수가 이끄는 팀은 경기장 밖으로 나갔다. 3쿼터가 진행되었지만 점수는 0 대 0이었다. 마지막 경기에서 그 선수는

공을 움켜쥐고 엔드존을 향해 달렸다. 터치다운!! 전 경기를 통해 유일한 터치다운! 그들은 승리했다. 모두가 뛰쳐나오면서 환호할 때, 어머니는 이 선수가 무릎을 꿇고 하늘을 쳐다보는 모습을 바라보았다.

경기가 끝난 뒤, 풋볼 스타가 집으로 돌아왔을 때, 어머니는 포기하지 않기로 한 결심에 대해 물었다. 그는 하프 타임 때, 코치에게 반드시 해낼 것이니 기회를 달라는 부탁을 했다고 어머니에게 말했다. 그리고 다행히 그 늙고 못난 코치가 그 부탁을 들어주었다. 어머니는 아들에게 경기 마지막 장면에 있었던 일을 설명해달라고 했다. 경기장에서 무릎을 꿇은 것은 그에게 결코 포기하지 말라고 격려해주신 어머니를 주신 하나님께 감사드린 것이었다고 그는 말했다.

그는 세 개의 풋볼 기록뿐만 아니라 고등학교 최종 경기의 터치다운 기록도 보유하고 있다. 그는 승자가 되었다. 그는 포기하지 않았다. 그리고 그 못난 코치는 풋볼 스타가 볼을 떨어뜨린 것에 대해 그런 식으로 말한 것에 책임을 지고 즉시 해고되었다(여러분은 MLM Nuts & Bolts에서 풋볼 스타의 실화를 들을 수 있다. 그것은 젠 루의 유일한 아들인 클레이튼에게 있었던 일이다. 그의 유니폼은 아스펜에 있는 집에 보관되어 있다). 이 젊은이가 그의 어머니로 하여금 음악을 만들도록 영감을 준 테이프나 '결코 포기하지 말라' 음악을 주문하려면 www.janruhe.com으로 들어가라.

인생의 '큰 돌들' 시간관리 프리젠테이션

많은 사람들이 어떻게 하면 시간을 더 잘 관리하고 균형 있게 쓸 수 있는가 알고 싶어한다. 여기 그런 사람들에게 이용할 수 있는 이야기로 좋은 예가 하나 있다. 청중 앞에 서면 "퀴즈를 하나 내겠습니다"라고 말하라. 그리고 입구가 넓은 단지 한 개를 단상 위에 올려놓은 다음, 주먹만한 돌을 차례로 하나씩 단지에 가득 차 더 이상 들어갈 수 없을 때까지 채워 넣고 청중에게 질문을 던져라.

"이 단지가 가득 찼습니까?"

대개는 '네'라고 대답할 것이다.

그럼 "정말 그럴까요?"라고 운을 뗀 다음,

자갈 한 바구니를 준비해 단지에 쏟아 넣고 잘 흔들어 자갈이 돌 사이의 빈 공간에 들어가도록 하라.

다시 질문을 하라. "이 단지가 가득 찼습니까?"

이쯤 되면 사람들은 당신의 의도를 알아채고는 약간 망설일 것이다.
"글쎄요…"

그러면 "좋습니다"라고 말한 다음,

모래 한 바구니를 꺼내 단지에 쏟아 넣어라. 그러면 모래알갱이들이 돌과 자갈 사이의 빈 공간에 찰 것이다.

다시 질문할 차례이다. "이 단지는 가득 찬 것일까요?"

'아뇨'라는 대답이 돌아올 것이다.

이번에는 물을 가져와 그 단지 가장자리에 가득 차오를 때까지 부어라.

그리고 질문하라. "여기서 얻을 수 있는 교훈은 무엇일까요?"

아마도 다음과 같은 대답이 돌아올 것이다. "시간이 없다고 생각해도 미처 깨닫지 못한 여유 시간이 있을 것이다."

그럼 당신은 다음과 같이 말할 수 있다. "좋은 대답이지만 정답은 아닙니다." 이렇게 말한 후, 잠시 뜸을 들여라. 그리고 요점을 말해줘라.

"여기서 우리가 배울 수 있는 교훈은: 큰 돌을 단지에 먼저 넣지 않으면 나중에는 그 돌들을 단지 안에 절대 넣을 수가 없다는 것이다."

당신의 인생에 있어 '큰 돌'은 무엇인가요? 당신이 끝내야 하는 프로젝트, 사랑하는 사람과 함께 보내는 시간? 당신의 믿음, 배움, 재산, 명분, 꿈의 실현, 다른 사람들을 가르치거나 그들의 좋은 조언자가 되어주는 것?

'큰 돌들'을 먼저 넣는 것을 잊지 말라, 그렇지 않으면 시작도 할 수 없을 것이다.

위험한 사람들

당신에게 위험한 사람은 당신을 몽둥이로 때리고 총으로 위협해 물건을 빼앗는 사람이 아니다. 도둑은 당신의 개인적 특징을 건드리거나 당신의 면전에서 당신의 능력을 얕잡아 보지는 못 한다. 오히려 선한 친구 한 명이 당신의 의지를 쉽게 꺾어버릴 수 있다!
아니, 그는 총으로 당신을 강탈하지 않는다.

단지 한마디 할 뿐이다, "그건 할 수 없어!"

다른 사람이 이미 이룩한 수 천 가지의 예를 보여주면 그는 웃으며 말할 것이다. "음, 훌륭한 걸. 제법이야! 보통 사람들은 꿈도 못 꿀 일이지!"

이 것은 그의 말이 거짓이기 때문이 아니라 누구나 다른 사람의 인정을 받고 싶어 하기 때문에 치명적인 것이 될 수 있다. 그래서 당신은 꿈을 빼앗기고, 성공을 향한 바램도 깨졌으며, 받을 수 있는 물질적 혜택도 사라졌고, '할 수 있다'라는 믿음도 깨져버렸다. 그것도 총으로 위협한 것도 아닌데, 한 친구가 무심코 내뱉은 말 한마디에 말이다!
　그러므로 가장 위험한 사람은 '총을 가진 사람' 이 아니라 당신에게 "할 수 없어!"라고
말하는 사람이다.

　강도가 빼앗아간 것은 다시 찾을 수 있지만 잃어버린 투지는 무엇으로 대신하겠는가?

쉬운 길은 누구나 간다
– 에드거 게스트

쉬운 길은 사람들이 많이 가며
평탄한 길은 혼잡하기 마련이다;
물고기가 많은 얕은 강에는 사람들이 몰린다.
하지만 저쪽 바위투성이인 곳은
경치는 좋지만
인적이 드물고, 가는 사람도 적다는 것을 알 것이다.
만사가 평탄하고 즐거운 곳에는 어김없이 많은 사람이 모인다.
대개는 함께 어울려 다니기를 좋아하기 때문이다.
하지만 용기가 필요하고, 견디기 힘든 곳에는
결국 지칠 줄 모르는 소수에게 영광이 있으리라.

"길이 험하면 그 끝은 좋지만 길이 평탄하면 그 끝이 힘들 것이라는 것을 기억하는 것이 좋다. 만약 당신이 가고 있는 길이 좋은 점만 있다면 미래는 안락함과 마음의 평정과 만족으로 충만할 것이다. 삶은 그저 즐겁기만 한 여행이 아니다. 삶은 고난이며, 시험이며, 훈련이다.

– 밥 호커

존 제이콥 아스토의 이야기

존 제이콥 아스토는 뉴욕에 살고 있을 때, 어떻게 가족의 생계를 꾸려갔을까? 그는 바다 건너 뉴욕으로 오는 여행경비조차 빚을 졌다. 그런데 그토록 주머니에 땡전 한 푼 없던 소년이 단 하나의 원칙으로 아스토가(家)의 부를 쌓은 것이다. 그는 고객이 원하는 것이 무엇인가에 관심을 가졌다. 이 말을 듣는 사람은 "뉴욕에서야 그런 일이 가능할지 몰라도 우리 주(州)에서는 어림도 없지!"라고 말할지도 모르겠다.

1889년, 뉴욕에 사는 107명의 백만장자를 대상으로 한 통계 자료에 따르면, 그 중 뉴욕에서 거액을 모은 사람은 단 7명뿐이었다. 107명의 백만장자 중에 67명은 주민이 3,500명도 채 안 되는 작은 마을에서 돈을 모았고 나머지는 뉴욕주의 다른 지역에서 돈을 모았다고 한다. 미국에서 가장 큰 부자는 인구 3,500명의 그 마을을 한번도 떠난 적이 없었다. 문제는 당신이 어디에 살고 있는가가 아니라 어떤 사람인가 하는 것이다.

존 제이콥 아스토는 어디서나 있을 수 있는 일을 직접 증명해 보인 것이다. 한번은 어떤 가게를 저당 잡았는데 모자가 잘 안 팔려 가게주인은 그에게 대출이자를 제때 갚을 수가 없었다. 그는 저당물을 유질(流質)처분한 후, 가게를 자신의 소유로 이전한 다음,

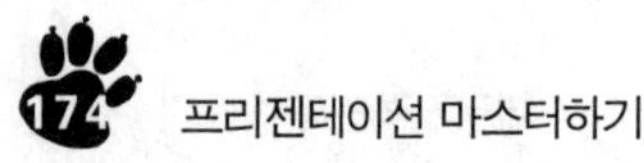

바로 그 가게에서 원래 주인과 함께 그 자본 그대로 동업하였다. 하지만 그는 그들에게 월급 한 푼 주지 않았다. 그들이 손에 돈을 쥐려면 물건을 팔아야 했다. 존은 그 사람들을 전과 같이 그들만 있도록 내버려두고 자신은 나가서 공원 그늘 아래의 벤치에 한가로이 앉아 있었다. 그는 밖에서 그렇게 앉아 뭘 하고 있었을까? 그리고 그는 자신의 돈을 갚지 않은 사람들과 동업해 뭘 어쩌려는 것이었을까? 그는 동업의 여러 형태 중에서도 가장 중요하고 즐거운 부분을 놓치지 않았던 것이다. 존 제이콥 아스토는 공원 벤치에 앉아 지나가는 여자들을 바라보고 있었다. 만약 어떤 여자가 마치 온 세상 남자가 자기만 바라보고 있어도 개의치 않는다는 듯, 어깨는 뒤로 젖힌 채 고개를 치켜들고 앞을 똑바로 바라보며 그의 앞을 지나갔다면 그는 그 여자의 모자를 유심히 봤고, 그 여자가 저 멀리 사라질 무렵엔 이미 그 모자의 형태와 테두리 색깔과 모자 끝에 달린 깃털이 물결치는 모양까지도 다 기억하고 있었다. 그 다음, 가게에 돌아와 이렇게 말했다. "내가 설명해주는 모양과 똑같은 모자를 지금 바로 진열대 위에 올려놓아요. 방금 그런 모자를 좋아하는 여자를 봤거든요. 내가 다시 돌아올 때까지 더 이상 만들지 말고 있어요."

그리고 그가 다시 나가 그 자리에 앉자, 생김새와 피부색이 다른 또 다른 여자가 다른 모양과 다른 색깔의 모자를 쓰고 그의 곁을 지나갔다. 그러면 그는 다시 가게로 달려가 이렇게 말했다. "이제 그 모자를 진열대에 올리시오."

그는 진열대에 모자를 갖다 놓지 않고 손님들을 그냥 보낸 다음, 사람들이 다른 곳으로 모자를 사러 가면 뒷계단에 앉아 소리쳤다. 그는 진열대에 모자를 놓지 않는 대신, 몇몇 여성들이 좋아하는 모자를 만들어줬다. 이렇게 맞춤을 하는 것은 즉각 이익을 남기기 시작했고 그것이 바로 뉴욕 최고의 모자가게가 되는 밑거름이 되었다. 존 제이콥 아스토는 다른 사람들이 사업에서 망한 뒤에 돈을 벌었다. 그는 그들에게 돈을 주는 대신, 엉뚱한 모자를 만드느라 재료를 낭비하기 전에 여자들이 어떤 모자를 좋아하는가를 알려줘 그들을 부자로 만들었다.

거울 속의 당신

자아를 찾기 위한 싸움에서 원하는 것을 얻었을 때,
하루 동안은 세상에 남부러울 것이 없을 때,
거울 속에 자신을 비춰보라.
그리고 그 거울 속의 그가 뭐라고 하는지 보라.

그 사람은 당신의 어머니도, 아버지도, 아내도 아니기 때문에
그의 판단은 그냥 지나칠 수 없다.

그의 판결은 당신의 삶의 대부분을 결정지으며
그는 지금 거울 속에서 당신과 마주보고 있다.
바로 그가 행복해야 한다. 그 외 다른 사람은 신경 쓰지 말라.
왜냐하면 오직 그만이 마지막까지 당신과 함께 할 것이기 때문이다.
만약 그 거울 속의 사람이 당신의 친구가 되어 있다면
이제 당신은 가장 위험하고 어려운 시험을 통과한 것이다.

당신은 잭 호너 같은 사람일 수도 있고 편한 일 조금 하고서 스스로 멋진 사람이라고
여길 수도 있다.
하지만 만약 당신이 거울 속의 당신을 똑바로 쳐다보지 못 한다면
거울 속의 그는 "당신은 게으름뱅이일 뿐이다"라고 말할 것이다.

당신은 몇 년 동안 온 세상을 속이면 당신이 하는 일마다 격려 받을 수 있겠지만 마지
막 순간에 당신에게 돌아오는 것은 상심과 고통뿐이다.
만약 당신이 거울 속의 자신을 속였다면 말이다.

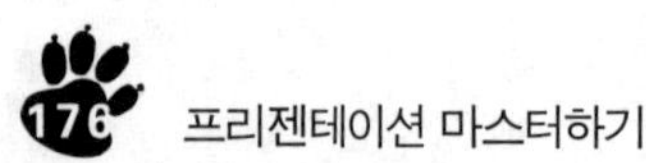

나는 할 수 있다 프리젠테이션

당신이 아래의 문장을 계속 쓴다면 당신의 뇌는 그것을 믿게 될 것이며 당신은 꿈을 이룰 수 있을 것이다. 아래에 빈칸을 채워라.

나는 내가 해야 하는 일을 할 수 있다.
나는 내가 해야 하는 일을 __ 수 있다.
나는 ___ 해야 하는 일을 할 수 있다.
나는 내가 해야 하는 일을 할 __ 있다.
나는 내가 해야 하는 일을 할 수 ___.
나는 내가 ______ 일을 할 수 있다.
나는 내가 해야 하는 일을 할 수 있다.
___ 내가 해야 하는 일을 할 수 있다.
나는 내가 해야 하는 ___ 할 수 있다.
나는 내가 해야 하는 일을 할 수 있다.
나는 내가 ______ 일을 __ 수 있다.
나는 내가 해야 하는 일을 할 수 있다.
나는 내가 해야 하는 일을 할 수 있다.

루시타니아가 내려갔다

그래서 어쨌다는 건가?

"어쩌라고?"라고 당신은 말할 것이다. "온 세계가 충격에 휩싸였다. 며칠동안 신문에는 그 기사로 가득 찼다."

그런데 뭐가 어쨌다는 건가? 어쨌든 그건 별 일 아니었다.

얼마나 많은 루시타니아가 세계대전에서 희생된 민간인과 전사하거나 실종된 군인들의 시신을 수습하기 위해 내려가야 하는 걸까?

매일 루시타니아 한 대가 필요할 것이다.
일 년 동안.
10년 동안.
25년
50년

매일 루시타니아 한 대를 70년 동안, 혹은 일 주일에 한 대씩 계산한다면
콜롬버스가 미국 대륙을 발견하기 100년 전부터 오늘 이 시간까지.

이것이 바로 시신을 운반하기 위해 필요한 루시타니아의 숫자이다.

전쟁 중에 희생된 전 세계의 모든 사망자들을 운반하기 위해서…

매체를 이용한 프리젠테이션

-조디 카빌

황금은 우리 문화 - 그리고 우리 언어의 곳곳에 스며들어 있다. 금문교도 있고, 황금률도 있다. 황금시대와 골드카드도 있다. 골든 글러브와 골즈 짐도 있다. 고품질의 상품은 "금만큼 좋다"라고 한다. 올림픽에서는 - 다른 모든 경기에서도 마찬가지지만 - 금은 최고와 부, 그리고 변하지 않는 가치의 상징이다."

마이다스 왕과 황금손
마이다스 왕의 손이 닿는 것마다 금으로 변해 버린 것은 처음엔 좋았지만 나중엔 오히려 화근이 되었고 그는 금이 삶의 전부가 아님을 뼈저리게 느꼈다. 몸과 마음 그리고 정

신까지, 사람의 전체를 한번 살펴보자.

몸:

당신의 옷차림은 어떤가? 마이다스 왕은 금을 좋아해 매일 금으로 된 옷만 입었다. 그는 금을 너무 좋아한 나머지 머리끝부터 발끝까지 온통 금으로 치장했다. 바로 그 때문에 나는 오늘 금장식이 달린 모자를 쓰고 있고 금으로 된 옷과 신발을 신고 있다. 당신은 금으로 치장한 당신의 모습을 상상할 수 있어야 한다!

정신:

마이다스 왕은 그의 정신도 계획했다. 그는 금만 생각했다. 그는 자신의 주위에도 금이라는 말이 들어간 것들만 두었다. 금고양이, '금발인 사람', 골든 리트리버 golden retriever: 골든 리트리버(영국 원산의 조류 사냥개), 황금 방울새, 금붕어… 심지어 딸의 이름조차 '마리 골드'라고 지었다.

팁:

- 정신을 살찌우고, 항상 배우는 자세를 가져라!
- 정신상태를 바꿔라… 방법은… 음악을 틀어라!
- 당신의 기술을 연마할 기회를 놓치지 말라.
- 당신의 머릿속을 CANI로 가득 채워라.
  = Constant And Never ending Improvement(끊임없이 지칠 줄 모르는 개선)
- 정신을 살찌워 똑똑한 사업가가 되라.
- 당신의 기술이 앞서나가도록 일에 열중하라.
- 얼마나 자주 다음과 같은 말을 듣는가?:
  "목표에만 몰두하라"라거나 "미래의 당신의 모습을 그려보고 그것을 다른 사람에게도 설명하라"
- 아이디어: '골든 리트릿', '금발의 아가씨들', 황금 신발, 황금별 이름표, 금 포장지, 금붕어 과자, 금 너겟, 금 사탕.
- 성과금을 벌어들이는 방법을 알라.

- 돈을 다루는 법을 알라.
- 세금혜택을 극대화시키는 법을 알라.
- 회사정책을 알라.
- 보상플랜을 알라.
- 당신이 이뤄내고 싶은 일을 벌써 이뤄냈고 현재 이뤄내고 있는 사람들의 말에 귀를 기울여라. 자신이 한 말을 실천에 옮기는 사람이 누구인지를 보라! 당신이 바라는 라이프스타일을 누리고 있는 사람을 잘 보라!
- 이제 책을 더 많이 읽고, 다시 읽고, 테이프를 반복해 들어라.

마음:

- 마이다스 왕은 그의 마음이 무엇보다 중요하다는 것을 깨달았다! "손으로 만지기만 하면 금으로 변하는" 그의 소원은 진정으로 그를 행복하게 해줄 수 없었다.
- 행복: 마이다스 왕은 "손으로 만지기만 하면 금으로 변하는" 그의 소원이 이뤄졌을 때, 행복했다.
- 고통: 하지만 그는 곧 고통스러웠고 자신을 증오하게 되었다.
- 계시: "손으로 만지기만 하면 금으로 변하는"것이 전부가 아님을 깨달았다! 그것은 목적이고, 하나의 과정이며, 모든 삶의 방식을 이루기 위한 수단에 불과했다… 부유한 환경, 아름다운 꽃, 성공적이고 행복한 가정 등등…
- contribution에서 나온다… 그 방법은 다른 사람을 배려하는 것이다.
- '물건 팔기'만 하지 말라. 사람들에게 훌륭한 고객 서비스를 제공하라. 그러면 그들은 당신의 물건을 구입할 것이다.
- 당신의 사업을 성공으로 이끌 수 있는 길을 찾아라.
- 다른 사람에게 봉사할 수 있는 길을 찾아라.
- 당신의 제품으로 사회에 봉사할 수 있는 길을 찾아라.
- 비단결 같은 마음씨를 가져라! 목표를 정하고, 꿈을 크게 가지고, 비전을 가져라.
- 다른 사람과 마음을 나누어 당신이 언제나 꿈꾸던 리더가 되라.
- 다른 사람들의 삶의 질을 향상시킬 수 있도록 도와주어라.
- 당신과 거래하는 것이 즐거운 일이 되도록 하라.

- 정보를 제공하라.
- 언제나 다른 사람들의 가치를 인정해주어라.
- 당신의 사업 기회를 다른 사람들과 나눠라.
- 당신의 마음 가는 곳이 어딘지 안다면, 비전이 있다면, 스트레스는 활력으로 바뀔 것이다.
- '녹초가 되다' 라는 말은 더 이상 당신 사전에 없다. 그리고 '압박' 이라는 단어도 사라질 것이다… 오직 '무질서' 와 '흥분' 만이 있을 뿐이다.

마이다스의 손으로 금을 얻는다는 것은:

G = Going Gold and Beyond… 금, 그 이상의 것을 얻고…

O = Ongoing Belief System… 믿음의 체계는 계속되며…

L = Leading Leaders… 리더들을 이끌고…

D = Develop People… 사람들을 개발하는 것이다

우리 주위에는 훌륭한 사람이 넘친다

-밥 리차즈, 올림픽 2관왕

올림픽 챔피언이 될 수 있는 사람은 많다. 한 번도 시도해 본 적이 없는 미국 국민 모두가 가능성은 있었다. 내가 장대높이뛰기에서 금메달을 땄던 그 해에 날 이길 수 있었던 사람은 적어도 500만 명은 될 것이다. 나보다 더 강하고, 크고, 빠른 사람들이 그것을 할 수도 있었지만 그들은 장대를 들어올리지 않았고 높이뛰기의 가로대를 뛰어넘어 보기 위해 땅에서 한 발자국도 떼지 않았다. 훌륭한 사람들은 주위에 널렸다!

훌륭한 사람이 된다는 것은 쉬운 일이다. 다른 훌륭한 사람들이 당신을 도울테니까. 내가 갔던 그 모임들이 그렇게 멋진 이유는 그 분야의 위대한 사람들이 모여 아이디어를 나누고, 그들만의 노하우와 기술을 다른 사람들과 나누기 때문이다. 나는 역대 최고의 세일즈맨들이 터놓고 얘기하면서 신출내기 세일즈맨들에게 자신들이 어떻게 해왔는지를 가르쳐주는 모습을 봐왔다. 그들은 주저하지 않았다. 나는 스포츠 세계에서도 그런

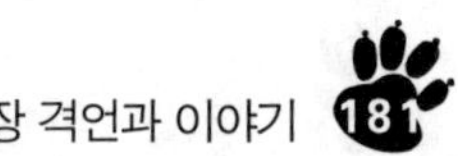

모습을 봤다.

나는 내가 더치 워머덤이 세운 기록을 깨기 위해 애썼던 그 시절을 절대 잊지 못할 것이다. 나는 그의 기록에서 1피트 정도 부족했기 때문에 그에게 전화해 물었다. "더치, 날 좀 도와주시오. 난 끝장인 것 같소; 더 이상 높이 뛸 수가 없어요." 그러자 그가 말했다. "그럼요, 도와줘야죠, 밥. 우리 집으로 오세요. 내가 아는 것은 모두 가르쳐줄테니."

나는 그 위대한 장대높이뛰기 선수와 사흘을 함께 보냈다. 그 사흘 동안 더치는 그 동안 보아온 모든 것을 얘기해줬다. 내 잘못으로 온 것이 있으면 그가 교정해줬다. 간단히 말해, 나는 기록을 8인치 더 높일 수 있었다. 나는 스포츠 영웅들과 챔피언들이 당신을 훌륭한 사람으로 만들어주기 위해 기꺼이 이렇게 할 수 있다는 것을 알았다.

존 우든은 매일 대가 없이 누군가를 도와줘야 한다는 철학을 가지고 있었다. 그것은 그의 의무였다.

위대한 사람들은 나눈다. 그리고 바로 그 때문에 세상에 위대한 사람들이 계속 생겨날 수 있는 것이다. 위대한 사람들은 당신에게 그들의 비밀을 얘기해줄 것이다. 그들을 찾아가라. 전화하고 그들이 저술한 책을 사서 읽어라. 그들이 있는 곳을 찾아가 그들과 어울리며 얘기하라. 위대한 사람 주변에 머물면 당신도 쉽게 훌륭한 사람이 될 수 있다.

제안

어떤 사람이 그날도 늦게 귀가했다. 그는 피곤하고 짜증이 나 있었는데 그의 다섯 살 된 아들이 현관에서 그를 기다리고 있는 것을 보았다.
"아빠, 질문이 있어요." "그래, 그게 뭔데?" 아버지가 대답했다.
"아빠, 아빠는 한 시간에 얼마를 벌어요?"
"너는 그런 건 몰라도 된단다. 그런데 그건 왜 묻니?" 아버지가 되물었다.

"그냥 알고 싶어서요. 말해주세요. 아빠는 한 시간에 얼마를 벌어요?" 어린 아들이 졸 랐다.

"그렇게 알아야겠다면 말해주지. 아빠는 한 시간에 20달러를 번단다."

"어" 아들이 대답하고는 머리를 숙였다. 다시 아빠를 쳐다보더니, "아빠, 10달러만 빌 려주실래요?"라고 물었다.

이 아버지는 화가 나서 "아빠가 얼마를 버는지 알아야 하는 이유가 하찮은 장난감이 나 쓸데없는 물건을 살 돈을 빌리기 위해서였다면 지금 당장 방으로 가 잠이나 자! 자신 이 왜 그리 이기적인지 생각해 보거라. 아빠는 매일 오랫동안 힘들게 일하기 때문에 그 런 장난에 장단이나 맞추고 있을 시간이 없다."

어린 아이는 조용히 자기 방으로 가 문을 닫았다.

아버지는 소파에 앉았지만 어린 꼬마가 했던 질문을 생각하니 더욱 화가 치밀었다. 조그만 녀석이 돈 좀 얻어내려고 그런 질문을 하다니!

한두 시간쯤 지난 후, 아버지는 화가 가라앉았고 아들에게 좀 심했다는 생각이 들었 다. 그 10달러로 아들이 정말 필요한 것이 있었는지도 모른다. 어쨌든 그 녀석은 돈을 달 라고 한 적이 별로 없지 않았던가.

아버지는 아들의 방으로 가 문을 열었다. "자니?" 아버지가 물었다. "아뇨, 아직 안 자요." 아들이 대답했다.

"아빠가 생각해봤는데 아까는 아빠가 좀 심했던 것 같구나. 아빠가 오늘 하루 힘들었 던 화풀이를 너한테 했구나! 자, 여기 네가 말한 10달러다." 아버지가 말했다.

어린 소년은 일어나 앉더니 활짝 웃으며 큰 소리로 말했다. "감사합니다. 아빠!" 그러 더니 베개 밑으로 손을 넣어 꼬깃꼬깃 접힌 지폐를 꺼내는 것이었다. 아버지는 아들이 돈을 가지고 있는 것을 보고 다시 화가 치밀었다. 어린 소년은 천천히 돈을 세더니 아버 지를 쳐다보았다.

"돈이 있으면서 왜 더 달라고 한 거니?" 아버지가 묻자, 소년은 "돈이 조금 부족했거 든요. 그런데 이젠 충분해요"라고 대답했다.

"아버지, 저 이제 20달러 가지고 있어요. 아버지의 한 시간은 제게 파실래요?"

꾼들

어떤 사람은 남을 부려먹는 것을 좋아해 다른 사람에게 이것저것 시키는 것을 좋아하지만 제 손으로 뭔가를 하지는 않는다.

그런 사람을 '명령꾼'이라고 한다.

어떤 사람은 뭔가 직접 하지 않고 다른 사람들이 일하는 것을 구경하는 것을 좋아한다.

그런 사람을 '구경꾼'이라고 한다.

어떤 사람은 도움이 되는 일은 하나도 하지 않지만 다른 사람이 해놓은 일에 트집을 잡는 데는 일가견이 있다.

그런 사람을 '참견꾼'이라고 한다.

어떤 사람은 다른 사람들이 그의 말에 동의하도록 강요해 문제를 일으킨다. 너무 덥거나, 너무 춥거나, 너무 쓰거나, 너무 달단다.

그런 사람을 '선동꾼'이라고 한다.

도와주겠다고 해놓고는 정작 약속한 도움이 필요할 때는 나타나지 않는 사람이 있다.

그런 사람을 '망설임꾼'이라고 한다.

어떤 사람들은 허세를 부려 실제보다 더 잘나 보이려고 한다.

그런 사람을 '허세꾼'이라고 한다.

그리고 어떤 사람은 자기가 하겠다고 말한 것을 하는 사람이 있다. 그들은 무엇을 하든지 하던 일을 멈추고 도움의 손길을 뻗칠 준비가 되어 있다. 그들은 다른 사람들에게 진정한 기쁨을 가져다주는 사람들이다.

그런 사람을 '재간꾼'이라고 한다.

부자가 되는 10단계
-크레이그 락

1. 당신이 금전적인 성공을 거둘 수 있다는 사실을 인정하고 그것을 이루기 위해 스스로 신념을 가져라. 간절히 원하는 것은 얻게 되어 있다.
   진정으로 믿어라 – 이것이 가장 중요한 단계이다. 그래야만 놀라운 인간의 마음이 작용해 그것을 실제로 이룰 수 있다. 일은 단지 정년퇴직 때까지만 하면 되는 것이라는 생각은 버려라.

2. 스스로 질문하라: 2년, 5년, 10년 후에 어떤 사람이 되고 싶은가?
   당신의 인생으로 무엇이든 할 수 있다면 무엇을 하고 싶은가? 만약 당신에게 써도 줄어들지 않을 만큼의 돈이 있다거나 앞으로 한 달밖에 살 수 없다면 무엇을 하고 싶은가?

3. 현재의 금전적 지위를 안정시켜라. 당신의 현금흐름은 어떤가? 어느 부분에 손을 써야 하나?

4. 새로운 계획을 세워라. 당신의 목표에 더욱 가까이 다가가기 위해 취할 수 있는 행동이 무엇인지 결정하라. 그것이 어떤 목표이든 구체적이고 시간적 제한이 있어야

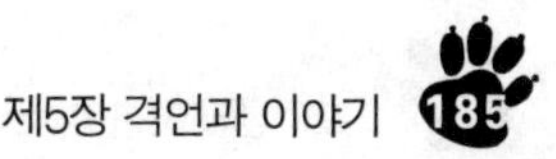

한다.

5. 당신이 투자한 돈이 어떻게 되어가고 있는지, 당신의 예금 이자율은 어떤지 꾸준히 살펴라.

6. 여유자금을 투자하라(투자처는 당신의 사업이 될 수도 있다).

7. 매년 당신이 해온 것을 되돌아보고 목표가 이뤄졌다면 스스로 보상하라.

8. 개인의 목표를 세우고 가진 것을 모두 바쳐 사업 아이디어를 꾀하라. 그리고 진정한 열정과 목적의식을 가지고 하라. 당신이 진심으로 믿는다면 틀림없이 이뤄진다.

9. 그럼에도 균형 잡힌 삶을 살도록 노력하라. 혹은 가능한 한, 균형을 잡기 위해 노력 하라.

10. 무엇보다 가장 큰 희생은 바로 삶의 현재 상황을 바꿀 수 있는 행동을 취하기 위해 기다리느라 치르는 희생이다. 당신이 느끼기에만 건강하고, 행복하고, 잘 지내는 것 같지만… 당신 스스로 그렇게 하자고 다짐했으니. 게다가 돈이 전부는 아니다. 목표를 높게 잡고 꿈을 크게 가져라. 나무 꼭대기를 목표로 삼으면 절대 땅에서 벗 어날 수 없다. 별을 목표로 삼아라.

시름의 나무

낡은 농장을 재건하기 위해 목수를 고용한 적이 있는데 작업 첫날부터 일이 매우 힘들 었다.

바람 빠진 타이어 때문에 한 시간을 허비했고, 전기톱이 말썽을 부렸으며, 이제는 그의

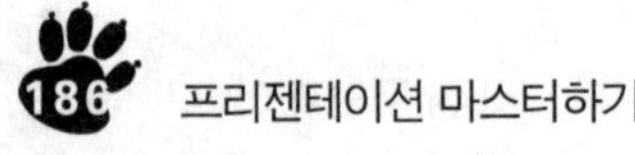

낡은 픽업 트럭이 시동이 걸리지 않는다.

　내가 그를 집까지 태워주는 동안 그는 돌부처처럼 묵묵히 앉아 있었다.
　그의 집에 도착하자, 그는 집으로 날 초대해 그의 가족에게 소개시켜 주겠다고 했다.
현관으로 걸어가던 중, 그는 작은 나무 한 그루 앞에 잠시 멈춰서더니 그 가지 끝을 양손
으로 만지는 것이었다. 그리고는 현관문을 열더니 갑자기 확 변하는 것이었다.

　그의 검게 그을린 얼굴은 웃음으로 환하게 빛났고 그는 어린 두 아이를 껴안고 아내에
게 키스하는 것이었다.
　나중에 그가 날 차까지 바래다줄 때, 아까 그 나무 앞을 다시 지나갔고 나는 궁금해 견
딜 수 없었다. 나는 그에게 아까 일어났던 일을 물었다.

　"아, 그건 제 시름의 나무예요." 그가 답했다.

　"일하다보면 어쩔 수 없이 힘든 일을 겪게 마련이잖아요. 하지만 한 가지 분명한 것은
그것을 집에 있는 아내와 아이들에게까지 떠넘겨서는 안 된다는 거죠."

　"그래서 저는 매일 일을 마치고 집에 돌아올 때는 밖에서 있었던 시름을 모두 저 나무
에 매달아 놓고 온답니다. 그리고 다음날 아침, 다시 그것을 가지고 나오죠."

　그는 웃으며 말했다. "재미있는 것은 다음날 아침 그 시름을 다시 가져오기 위해 가보
면 전날 밤 들어갈 때 가지고 있던 것보다 줄어 있다는 거죠."

현명한 사람

-브루스 바튼

신께서 세상을 만드셨다; 하지만 신은 당신의 세상은 만들지 않았다.

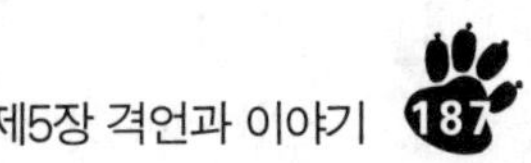

신은 원료만 제공하고, 인간은 그것을 이용해 각자 원하는 것을 택하고, 자기만의 세계를 만들어간다.

어리석은 사람은 제공된 재료가 넘쳐나는 것을 알지 못 하고 햄과 계란 조금, 바지 몇 벌, 단돈 몇 푼에 만족한다.

현명한 사람은 멋진 석양을 가지고 자신의 세계를 만들고, 신나는 경험과 별들의 노래와 멋진 로맨스와 기적으로 그의 세계를 꾸민다.

어리석은 사람의 인생에는 놀라운 일이 생길 일이 없다. 전기는 그저 전깃불에 불과하고, 전화는 전화일 뿐 – 하나같이 모두 평범하다.

하지만 현명한 사람은 어떻게 작은 씨앗이 이미 죽어 땅에 묻힌 후에도 아름다운 꽃을 피울 수 있는지 연달아 감탄한다. 그는 단 한 순간도 경외감 없이 수화기를 들거나 전기를 켜지 않는다.

부자가 되는 생각

– 러셀 콘웰 목사

부자가 되는 것은 당신의 의무이다:

"부자가 될 수 있는 기회, 엄청난 부를 쌓을 수 있는 기회는 지금 바로 이곳에, 지금 내 얘기를 듣고 있는 모든 사람의 손 안에 있다. 이 상황에서도 나는 지금 단순히 외운 것을 여러분에게 말하려고 여기 단상에 올라온 것이 아니다. 나는 내가 진실이라고 믿는 것을 여러분에게 말해주기 위해 왔고 상식을 얻는 데 있어 그 세월들이 내게 가치가 있는 것이었다면 내 자신이 옳다고 믿는다. 여기 앉아 있는 사람들은 오늘 이 자리에 오기 위해 표를 사면서도 망설였겠지만 엄청난 부를 쌓을 수 있는 '황금' 기회를 얻을 수 있

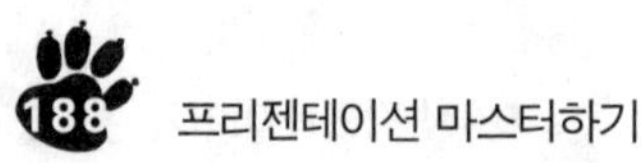

다. 오늘날 우리의 문명만큼 진보했던 곳은 없었으며 세계 역사상 오늘날처럼 무일푼으로 가난하던 한 사람이 현재의 모습처럼 빠르고 정직한 방법으로 부자가 될 수 있는 기회가 있던 적도 없다. 나는 그런 얘기에 낭비할 시간이 없다. 하지만 내가 믿는 바는 얘기하겠다. 만약 여러분 중 누군가 내 얘기로 인해 부자가 된 사람이 없다면 난 이 자리에서 시간낭비만 한 셈이다."

내가 "당신은 부자가 되어야 한다. 부자가 되는 것이 당신의 의무이다"라고 말하면 나의 독실한 신자 중 다수는 내게 이렇게 말한다.

"목사님께서는 전국 각지를 돌면서 젊은이들에게 부자가 되고 돈을 많이 벌라고 가르치십니까?" 내가 "그럼요"라고 답하면 그들은 "말도 안돼! 돈이나 벌라고 가르칠 게 아니라 사람들에게 복음을 전해야죠!"라고 말한다. 그럼 나는 그들에게 이렇게 말한다. "정직하게 돈을 버는 것이 복음을 전하는 길이랍니다. 부자가 되는 사람이 그 지역에서 가장 정직한 사람일 겁니다." 그들은 이렇게 되묻는다. "이런, 내가 평생 들어본 소리라곤 돈을 가진 사람은 정직하지 않고, 명예롭지 않으며, 비열하고, 한심하다고 하던데요."

나는 "형제님, 바로 그 때문에 당신은 가난한 겁니다. 당신에게 그런 얘길 하는 사람들의 생각을 그대로 믿기 때문이죠. 당신이 가진 믿음은 완전히 거짓된 것입니다. 분명히 말씀드리지만, 부자의 98%는 정직한 사람들입니다. 정직하기 때문에 부자가 될 수 있는 겁니다. 그들이 금전 거래에 있어 신용을 받고, 거대한 기업을 경영해나가고, 기꺼이 함께 일할 인재들을 많이 얻는 것은 정직하기 때문이죠." "어떤 때는 사람들이 부정한 방법으로 수백만 달러를 벌었다는 얘길 듣는데요." "그렇습니다. 저도 물론 그런 얘길 들었죠. 하지만 그런 일은 무척 드물기 때문에 언제나 기사거리가 되는 거죠. 그러면 결국 당신은 다른 사람들이 부정한 방법으로 돈을 번다는 생각을 갖게 되는 거구요. 형제님, 저와 함께 이 동네를 한 바퀴 돌아보시겠습니까? 제게 이 대도시에서 자기 집을 가진 사람이 얼마나 되는지 소개해주세요. 그럼 저는 당신에게 우리 도시에서 가장 훌륭한 사람과 기업을 소개시켜드리죠."

"어떤 사람이 큰돈을 버는 것은 어불성설이 아닙니다. 우리가 설교단에 오르면 탐욕을 버리라고 설교한다는 것은 잘 아실 겁니다. 대개는 그런 설교를 너무 오래 하며, '부당한 이득'이란 단어를 너무 흥분한 상태로 사용하는 바람에 기독교인들은 부자를 모두

사악하다고 믿습니다. - 헌금함이 돌고 헌금을 내지 않는 사람에게는 거의 욕을 하다시 피 하죠. 그런 교리야말로 말도 안 되는 소리죠!"

돈은 힘이다:

"돈은 힘입니다. 여러분은 돈을 정당하게 벌 것을 꿈꿔야 합니다. 돈이 있으면 없을 때 보다는 좋은 일을 많이 할 수 있으니까요. 당신이 읽고 있는 성경도 돈으로 인쇄되었고, 당신이 기도하고 있는 이 교회도 돈으로 지은 것이며, 돈이 있어야 선교사도 있습니다. 돈이 있어야 목사의 급여도 줄 수 있는 거죠. 급여를 줄 수 없다면 지금처럼 목사가 많지 도 않을 겁니다. 나는 교회가 내 급여를 올려준다면 반길 겁니다. 충분한 급여를 주는 교 회는 급여 인상도 쉽사리 해줍니다. 그동안 그런 걸 몰랐을 겁니다. 급여를 많이 받는 사 람이 그에게 주어진 힘으로 좋은 일을 할 수 있는 겁니다. 그의 영혼이 맑다면 그에게 주 어진 것으로 옳은 곳에 돈을 쓸 겁니다. 그러므로 여러분은 돈을 벌어야 합니다. 평생 정 직한 방법으로 부를 이룰 수 있다면 그렇게 하는 것이 신에 대한 의무입니다. 독실한 신 자가 되기 위해서는 찢어지도록 가난해야 한다고 생각하는 것은 독실한 신자로서 저질 러서는 안 되는 실수입니다."

가난한 사람은 어쩌란 말인가?:

신도: "그럼 가난한 사람을 불쌍히 여기지 않나요?"

나: "물론 불쌍히 여깁니다. 그렇지 않다면 제가 최근 몇 년 동안 이렇게 설교하며 다 니지 않았겠죠. 저는 가난한 사람들을 불쌍히 여깁니다. 하지만 진정으로 동정을 받을만 한 가난한 사람은 얼마 안 됩니다. 신께서 그의 죄를 벌하신 사람을 동정하고, 신께서 그 에게 계속 인과응보를 내리신 사람을 돕는 것은 잘못입니다. 하지만 우리는 진정으로 동 정을 받아야 할 사람을 돕기보다는 그런 부류의 사람들을 돕고 있습니다. 우리가 가난하 고 진정 스스로 구제할 방법이 없는 사람을 가엾게 여길 때, 자신의 잘못이나 다른 누군 가의 잘못으로 인해 가난해진 사람이 많다는 것을 잊지 마십시오. 어쨌든 가난한 것은 잘못입니다.

신도: "그럼 목사님은 세상에 돈보다 값진 것은 없다고 여기시나요?"

나: "물론 있습니다. 하지만 저는 지금 돈에 대해 이야기하고 있습니다. 돈보다 귀한

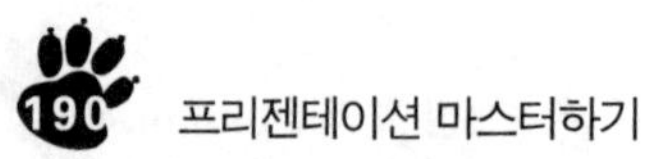

것은 물론 있습니다. 이 세상에 돈보다 가치 있고 순수한 것이 있다는 것을 압니다. 금보다 더 가치 있고 위대한 것이 있을까요? 신께서 만드신 사랑이 가장 위대합니다. 하지만 사랑을 얻은 사람이 돈도 많다면 그는 행운아죠. 돈은 힘입니다. 돈은 당신에게 해를 끼칠 수도 있지만 좋은 일도 할 수 있죠. 좋은 사람의 손에 들어가면 좋은 일을 해내고, 지금까지도 그랬습니다." 나는 기도회 중에 한 남자가 일어나 신께 자신이 '신의 가난한 자' 임을 감사하는 기도를 올리는 소리를 들었습니다.

나: "그의 아내는 어떻게 생각했을까요? 생계를 꾸려가는 사람은 아내였고 남편은 베란다에 앉아 담배만 축내고 있었습니다. 나는 그런 '신의 가난한 자' 는 없길 바랍니다. 신도 그것은 원치 않을 겁니다. 하지만 아직도 어떤 사람들은 독실한 신자는 가난하고 헐벗어야만 한다고 믿고 있습니다. 하지만 그것은 사실이 아닙니다. 가난한 자를 불쌍히 여기지만 그런 교리를 가르쳐서는 안 됩니다."

돈은 모든 악의 근원인가?

우리 세대는 부를 쌓는 것에 대해 심한 편견을 가지고 있다. 이런 편견이 너무 만연해 수십 년은 거꾸로 간 것 같다. 수년 전에 우리 교리 학교에 자신만이 과에서 유일한 독실한 신자라고 믿는 한 젊은이가 있었다.

그: "설교하시는 것을 들었습니다. 목사님께서는 젊은이가 부를 원하는 것은 영예로운 일이고, 그렇게 해야만 중용을 지킬 수 있고, 좋은 평판을 얻기 위해 애쓰도록 할 수 있으며, 부지런해질 수 있다고 말씀하시더군요. 목사님께서는 인간의 돈에 대한 욕망이 그를 훌륭한 사람으로 만드는 힘이라고 하셨는데 성경에서는 모든 악의 근원이 바로 돈이라고 하지 않았습니까?"

나: "저는 성경에서 그런 구절을 본 적이 없습니다. 성경을 가져와 그 구절을 보여주십시오."

그래서 그는 성경을 가지러 나갔고, 잠시 후, 성경을 펼친 채, 내 사무실로 의기양양하게 걸어 들어왔다. 그는 고집스럽고 옹졸한 당파심의 소유자가 가지는 전형적인 자신감을 갖고 있었다. 또는 성경의 오역 때문에 그가 그의 믿음에 대해 의기양양했을 수도 있다. 그는 내 책상 위에 성경을 내던지듯 내려놓고 말했다. "여기 있습니다. 직접 읽어보

시죠."

나: "젊은이, 자네도 나이가 들면 알게 될 걸세. 다른 종파를 믿는 사람이 성경을 읽어 준다고 해서 그것을 믿을 수는 없다는 것을 말일세. 자네는 다른 교리를 믿잖나. 하지만 자네는 성경주해를 중시하는 교리 학교에서 교육 받았지. 그러니 성경책을 들고 직접 읽어보시게. 그리고 강세를 제대로 지켜가며 읽어주게."

그는 성경책을 들고 자신 있게 읽었다. "돈에 대한 탐욕은 모든 악의 근원이다."

그때서야 그는 그 뜻을 알아챘다. 어떤 사람이 성경에서 직접 인용했을 때, 그는 진실을 인용했던 것이다. 나는 성경이 겪어온 수난 중에서도 가장 힘든 50년을 지켜봐왔고 마침내 그 종교적 기치가 드높이 휘날리는 것을 보았다; 세계 역사상 지금처럼 이리 많은 위인들이 성경의 진리에 대해 널리 인정했던 적은 단 한 번도 없었다. 그래서 나는 그가 인용했던 것은 '절대 진리' 라고 말해주었다. "돈에 대한 탐욕은 모든 악의 근원이죠." 돈을 단시일 내에 부정한 방법으로 얻으려는 사람은 유혹에 빠질 것이며, 그것은 의심의 여지가 없다.

돈에 대한 탐욕:

돈에 대한 탐욕이라. 그게 대체 뭘까? 돈에 대한 탐욕이 곧 돈에 대한 우상숭배를 낳으며, 순전히 맹목적인 숭배는 어디서나 성경과 인간의 상식에 의해 비난 받는다. 돈이 쓰이는 목적에 대해 생각하는 대신, 돈, 그 자체를 숭상하는 사람, 돈만을 우상화하는 사람, 돈을 지하 창고에 묻어두거나 자기 양말 속에 감추기만 하는 수전노, 혹은 세상의 좋은 일에 쓰일 수 있는데도 불구하고 투자를 거부하는 구두쇠, 무덤에 들어갈 때까지 자기 돈에만 집착하는 사람들이야말로 모든 악의 근원이다.

신도: "오늘이 부자가 될 수 있는 기회입니까?"

나: "글쎄요, 지금 중요한 것은 어디에, 무엇이 있는지를 보는 것이 얼마나 쉬운가 하는 것입니다. 일단 그것을 알기만 하면 모든 것이 당신의 손 안에 들어올 수 있습니다."

신도: "목사님께서는 이 도시에 31년째 살고 계신데 그럼 이 도시에서는 돈을 벌 수

있는 때를 놓쳤다는 것을 알아채지 못 했나요?

나: "아뇨, 그렇지 않습니다."

신도: "맞습니다. 제가 시도해봤죠."

나: "어떤 사업을 하고 계십니까?"

신도: "저는 이 도시에서 20년째 뼈 빠지도록 장사를 해왔지만 1천 달러 이상을 벌어본 적이 없어요."

나: "그래요, 그렇다면 이 도시가 당신에게 뭘 해줬는지를 보면 당신이 이 도시에 해준 것이 뭔지 알 수 있겠군요. 사람은 그가 어떤 대우를 받느냐에 따라 그가 어떤 가치가 있는가를 알 수 있으니까요. 즉, 이 시점에서 그가 세상에 어떤 의미를 갖는지를 보면 알 수 있다는 거죠. 20년 동안 장사하면서 1천 달러 이상을 벌어보신 적이 없다면 이 도시는 이미 19년 9개월 전에 당신을 쫓아냈어야 했습니다. 하찮은 구멍가게를 해도 20년을 했다면 최소한 50만 달러는 벌었어야 장사할 자격이 있는 겁니다.

신도: "이제는 장사를 해서는 5천 달러도 벌 수 없을 겁니다."

나: "당신 주변의 네 블럭만 돌아다녀 보세요. 사람들이 무엇을 원하고, 당신은 그들에게 무엇을 팔아야 할지 종이에 적어 그것을 팔았을 때, 얻는 이득이 얼마인지 계산해보세요. 그럼 금방 알 수 있을 겁니다. 당신의 목소리에도 돈을 벌 수 있는 기회가 있어요.

신도: "사업이란 것이 어떤 것인지 잘 모르시는군요. 목사님이 사업에 대해 뭘 알겠습니까?"

자세를 바꿔라:

나: "제가 전문가라는 것을 증명해보이죠. 제 아버지는 시골 잡화점을 하셨습니다. 하늘 아래 사람이 모든 종류의 거래를 경험할 수 있는 곳이 있다면 바로 시골 잡화점일 것입니다. 아버지께서는 가끔 제게 가게를 지키도록 시키셨습니다. 이런 적도 많았죠.

손님이 가게에 들어와서는 제게 말합니다.

"잭나이프 파니?"

나: "아뇨, 잭나이프는 없는데요." 그리고는 노래를 흥얼거립니다.

또 다른 손님이 들어와서는 묻습니다.

"잭나이프 파니?"

나: "아뇨, 안 팔아요." 그리고 저는 또 다른 노래를 흥얼거립니다.

세 번째 손님이 들어와 묻습니다.

"잭나이프 파니?"

나: "아뇨, 왜 이렇게 잭나이프 찾는 손님들이 많은 거죠? 동네사람 모두가 사갈 수 있는 만큼의 잭나이프가 우리 가게에 있을 것 같나요?"

당신은 혹시 인생을 그런 식으로 살고 있나요? 혹은 사업을 이런 식으로 하고 있나요? 나는 그때 당시만 해도 깊은 신앙심의 기본과 사업 성공비결의 기본이 결국 똑같다는 사실을 몰랐었다. "내 사업에 개인적인 종교의 영향을 미치도록 해선 안돼"라고 말하는 사람은 자신의 사업수완이 뛰어나지 못 하거나, 부도 직전이거나, 도둑, 이 셋 중 하나임을 광고하는 것이다. 그는 수년 내에 망하고 말 것이다. 자신의 종교적인 믿음을 사업에 투영시키지 못 하는 사람은 틀림없이 그렇게 되고 만다. 내가 만약 신에 대한 믿음을 아버지의 가게를 지키면서도 적용시켰다면 세 번째 손님이 잭나이프를 찾던 무렵엔 잭나이프를 이미 가게에 준비해놨을 것이다. 그랬다면 나는 그에게 친절을 베푼 것이 되고 나 자신도 그 보상을 받았을 것이다. 그렇게 하는 것이 내 의무였다.

종교적인 신앙심이 지나친 사람들 중에는 당신이 파는 물건으로 이득을 보는 것은 옳지 못한 행동이라고 믿는 사람들이 있다. 오히려 만약 당신이 물건을 원가 이하로 판다면 그것이 죄악이다. 당신은 그럴 권리가 없다. 제 앞가림도 못 하는 사람을 믿고 돈을 맡길 수는 없다. 자기 아내에게 진실하지 못한 사람을 믿고 가족을 맡길 수는 없다. 진정으로 사력을 다해 목숨 바쳐 어떤 일을 시작할 줄 모르는 사람에게는 이 세상을 믿고 맡길 수 없다. 나는 그때, 세 번째 손님이나 두 번째 손님에게는 잭나이프를 준비해뒀다가 팔고 나 자신도 이익을 봤어야 했다. 내게는 그들에게 턱없이 높은 가격으로 물건을 팔 자격도 없지만 좋은 물건을 이득도 안 보고 팔 자격도 없다. 하지만 내가 보는 이익만큼 그도 볼 수 있을 정도로 나는 물건을 팔아야 한다.

생각을 바꿔라:

가게를 해도 돈을 벌지 못 했다는 그 남자는 가게 경영을 잘못하고 있었다. 만일 내가

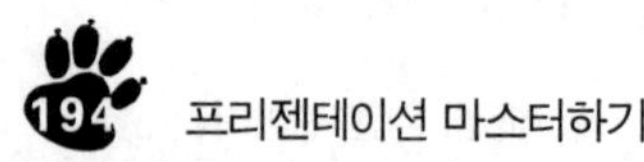

내일 아침, 당신의 가게로 가 이렇게 말한다고 상상해보라.

　나: "혹시 A라는 사람을 아십니까? 저 광장 건너편 1240번지에 사는데요."

　당신: "아, 그 사람 본 적 있어요. 여기 길모퉁이에서 가게를 하죠."

　나: "그 사람 고향이 어디랍니까?"

　당신: "모르겠는데요."

　나: "가족이 몇 명이라던가요?"

　당신: "모르겠는데요."

　나: "그 사람 어느 정당을 좋아하나요?"

　당신: "모르겠어요."

　나: "그 사람 어느 교회에 다니나요?"

　당신: "모르겠어요. 관심 없어요. 그런데 그런 건 왜 물으시죠?"

　만약 당신이 가게를 경영하고 있다면 그런 식으로 대답하겠는가? 그렇다면 당신은 내가 우리 아버지 가게를 보던 그대로 사업을 하고 있는 것이다. 이웃이 당신의 동네로 이사해왔는데 출신지도 모르고, 관심도 없다니… 그런 것에 관심을 가졌다면 지금쯤 부자가 되어 있을 겁니다. 만약 당신이 그의 개인사에 관심을 가지고 그가 필요로 하는 것을 알아냈다면 부자가 되었을 겁니다. 하지만 당신은 이렇게 대답하겠죠. "부자가 될 기회가 없잖아요." 문제는 바로 당신 자신에게 있습니다.

삶을 즐겨라:

　"사는 것과 살아가는 것은 일상적인 상식입니다. 들어 보십시오. 사는 대로 살아가세요. 당신이 삶의 어느 것이라도 즐기기 시작하기 전에 내가 지내온 세월을 따라잡을 때까지 기다리지 마십시오. 제가 몇 년 동안 벌려고 애썼던 수백만 달러, 아니 50센트라도 있다면 오늘밤, 이렇게 경건한 설명회를 통해 지금 얻고 있는 이 기쁨을 얻을 수는 없었을 겁니다. 네, 제가 지난 세월 동안 어떤 면에서는 애쓴 것만큼의 일부에 대해 오늘 하룻밤에 100배를 얻었습니다. 전 이런 식으로 말해서는 안 될 것입니다. 이기적으로 들릴 거니까요. 하지만 전 이제 그런 얘기를 해도 될 정도의 나이가 되었답니다. 나는 주위 사람들을 도왔어야 했고, 또 그렇게 하려고 노력했습니다. 누구나 노력하고, 그것으로부터

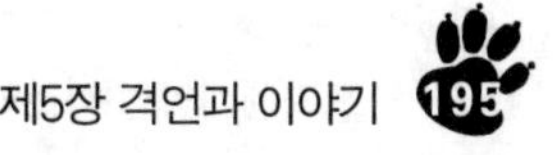

행복을 느껴야 합니다. 그날 하루 1달러를 훔치고 정직하게 그 대가를 얻을 수 있었던 사람에게서 강탈했다고 여기고 집으로 돌아가는 사람은 발 뻗고 편히 잘 수 없을 겁니다. 그는 다음날 아침 일어나도 피곤할 것이고, 불편한 마음으로 출근할 겁니다. 수백만 달러를 벌어들였더라도, 그는 절대로 성공한 사람이 아닙니다. 하지만 일평생 주위 사람들과 가진 것을 나누며 살아온 사람, 자기의 권리와 이익을 주장하고 얻어내며, 그것을 다른 사람들에게 주며 살아온 사람은 매일 살아갈 뿐만 아니라, 막대한 부를 이룰 수 있는 지름길입니다. 수많은 백만장자들의 얘기가 바로 그 증거입니다.

"고 난은 오 래가지 않지만 악한 사람은 오 래 산다!"

- 로버트 슐러 박사

최고가 되기 위해 필요한 것

- 빈스 롬바르디, 미식축구 코치

대가를 지불해야 한다. 이긴다는 것은 가끔 일어나는 일이 아니다: 그것은 언제나 일어나는 일이다. 어쩌다 한 번 이기는 게 아니다. 어쩌다 한 번 일을 하는 것도 아니다. 언제나 제대로 하라.

승리도 습관이다. 안타깝지만 패배도 습관이다.
2위에게 설 자리는 없다.

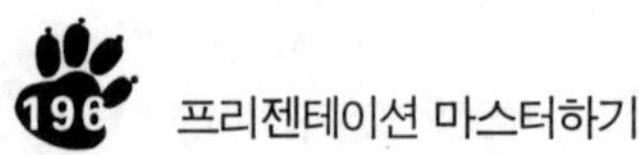

내 시합에서는 오직 하나밖에 없다. 바로 최고의 자리다.

　나는 평생 그린베이에서 2위에 그친 적이 딱 두 번 있지만 다시는 2위를 하고 싶지 않다. 준결승전이 있지만 그것은 패배자 간의 경기일 뿐이다. 우리가 하는 모든 것에서 최고가 되는 것은 언제나 미국인의 열망이었고 지금도 그렇다.
　그리고 승리하는 것이다.

　축구선수가 자기 생업을 유지하기 위해 열심히 뛸 때마다 그는 바닥에서부터 시작해야 하고 머리끝부터 발끝까지 혼신을 다해 뛰어야 한다. 온몸을 불사르며 경기를 해야 한다. 어떤 사람들은 잔머리를 굴려 경기하려고 한다. 그건 괜찮다. 어디서든 최고가 되려면 똑똑할 필요도 있으니까. 하지만 더욱 중요한 것은 진심으로 경기에 임해야 하며 사력을 다해야 한다는 것이다. 비상한 머리와 뜨거운 가슴을 가진 사람을 만나면 당신은 행운아다.

　그는 절대 2위로는 필드를 떠나지 않을 것이다.

　축구팀을 이끄는 것은 다른 어떤 종류의 조직을 운영하는 것과 별로 다르지 않다. 그것이 군대이든, 정당이든, 혹은 사업이든 말이다. 원리는 똑같다. 목표는 이기는 것이며, 상대를 쓰러뜨리는 것이다. 이 말이 잔인하게 들릴지 모르지만 나는 그렇게 생각하지 않는다. 인간은 경쟁을 해야 하고 가장 경쟁력 있는 경기가 가장 경쟁력 있는 사람을 만드는 것이 현실이다. 바로 그 때문에 그들은 경기를 하는 것이다. 그들은 규칙과 목표를 이해하고 경기장에 들어선다. 목표는 이기는 것이다. 정정당당히, 완벽히, 멋지게, 규칙을 지키며, 하지만 이기는 것이다. 사실 고난과 훈련의 참된 의미를 깊이 깨닫지 못 하면서 장기적으로 밥값을 하는 사람을 보지 못 했다. 훌륭한 사람은 진정으로 훈련을 열망하며 고된 현실과 육박전을 치르기를 간절히 바라는 데는 이유가 있다. 내가 인간의 본성에는 짐승의 기질이 있고 인간이 투지만만해지기 위해서는 야만스러워져야 한다고 믿기 때문에 이런 얘기를 하는 것이 아니다. 나는 신을 믿고, 인간의 존엄성을 믿는다. 하지만 나는 누구든지 가장 좋은 시간, 그가 소중히 여기는 가장 훌륭한 성취감은 그가 훌륭한 명분을 위해 혼신을 다해 일하고 녹초가 되어 승리감을 맛보며 전장에 누워 있는 바로 그 순간이라고 믿는다.

2등이 설 자리는 없다.
목표는 승리다.
최고의 자리가 우리의 목표다.

승자와 패자

- 패트 윌리엄스, NBA 총무

승자는 실수했을 때, "내 탓이오"라고 말한다.
패자는 실수하면 "내 탓이 아니오"라고 말한다.

승자는 패자보다 더 열심히 일하지만 시간이 남는다.
패자는 언제나 '너무 바빠서' 중요한 일을 할 시간도 없다고 한다.

승자는 시련에 맞서 이겨낸다.
패자는 시련을 피해 돌아가고 절대 맞서지 않는다.

승자는 책임을 진다.
패자는 약속을 남발한다.

승자는 "나는 훌륭하지만 아직 더 노력해야 해"라고 말한다.
패자는 "나는 다른 사람들보다 더 낫다"라고 말한다.

승자는 남의 말에 귀를 기울인다.
패자는 자기의 말할 차례를 기다리기만 한다.

승자는 자기보다 나은 사람을 존경하고 그들로부터 뭔가 배우려고 노력한다.
패자는 자기보다 나은 사람을 시기하고 그들의 약점을 찾아내려고 애쓴다.

승자는 자신이 맡은 일보다 많은 것에 책임을 느낀다.
패자는 "나는 이것만 하면 돼"라고 말한다.

승자는 "더 나은 방법이 있을 거야"라고 말한다.
패자는 "늘 이런 식으로 해온 걸"이라고 말한다.

속도를 늦추는 게 좋겠습니다

아이들이 회전목마를 타는 것을 본 적이 있습니까?
땅에 빗물이 떨어지는 소리를 들어본 적이 있습니까?
날아가는 나비를 쫓아가 본 적이 있습니까?
해가 저물고 어둠이 깔리는 모습을 지켜본 적이 있습니까?

속도를 늦추는 게 좋겠습니다.
그렇게 빨리 움직이지 마세요.
시간이 없습니다.
음악이 곧 끝날 거예요.

당신은 매일 바쁘게 뛰어다녔나요?
당신이 "안녕하세요!"라고 했을 때, 상대방이 뭐라고 하는지 들어본 적이 있나요?
하루 일과가 끝나고 잠자리에 누운 채, 머릿속에서 다음날 해야 할 일들이 휙휙 지나가
나요?

속도를 늦추세요.

그렇게 빨리 움직이지 마세요.
시간이 없습니다.
음악이 곧 끝날 거예요.

아이에게 "내일 하자"라고 말합니까?
그리고 서두르는 바람에 슬픈 아이의 모습을 보지는 못 했나요?
친구와 연락이 두절되고, 우정이 끝나지는 않았나요?
단지 당신이 전화 한 통 걸어 "잘 지내니?"라고 물어볼 시간이 없기 때문에 말입니다.

속도를 늦추세요.
그렇게 빨리 움직이지 마세요.
시간이 없습니다.
음악이 곧 끝날 거예요.

　당신이 어딘가를 향할 때, 너무 빨리 달린다면 그곳까지 가면서 누릴 수 있는 즐거움의
절반은 놓친 것입니다. 하루 일과를 초조하게 서두르며 보낸다면 선물포장을 뜯어보지
도 않고 버리는 것과 같습니다… 인생은 달리기 시합이 아닙니다. 조금 천천히 가세요.
음악 소리를 들어보세요. 노래가 끝나버리기 전에…

 프리젠테이션 마스터하기

Chapter 6

프리젠테이션 하기
Giving the Presentation

프리젠테이션 마스터를 위한 백만 달러짜리 아이디어

Chapter 6 

프리젠테이션 하기

"행운의 여신은 용감한 자의 편이다."

– 버질

워밍업:

세계의 우수한 선수들이 시합 전에 워밍업을 하던가요? 훌륭한 배우들이 무대에 오르기 전에 워밍업을 하던가요? 세계적으로 유명한 가수들이 노래하기 전에 워밍업을 하던가요? 그렇다면 당신도 하지 말란 법은 없잖습니까? 단상에 오르기 전에 스트레칭을 하고, 목소리를 가다듬으십시오. 하지만 무엇보다 중요한 것은 정신적으로 힘이 넘쳐야 한다는 겁니다! 어떤 프리젠터들은 연설 전에 명상을 한답니다. 젠 루는 연설 전에 혼자 다음과 같이 되뇌면서 마음을 가라앉힌다고 합니다: "이곳은 내 것이다!", "이 청중들은 내 사람들이다."

프리젠테이션 시작하기:

분위기를 만드는 데는 4분이면 충분하다! 다른 사람이 소개해주는 것에 의존하지 말라! 청중의 마음을 잃기 전에 힘을 주어 말문을 열어 그들을 사로잡아라.

캐롤 워: "여러분은 아직 존재하지 않는 것 중에 인생에서 원하는 것이 무엇입니까?

당신이 필요로 하는 것은 무엇이며, 그것을 얻기 위해 무엇을 할 준비가 되어 있습니까?"

조 루비노 박사: "이곳에 여러분의 인생에 막대한 기여를 할 수 있는 뭔가가 있는지 확인하는 것이 내 의지입니다."

팁:

당신의 행동에 대한 청중의 반응을 살펴라. 실제 연설 동안 당신 자신이 어떤 모습인지를 객관적으로 관망해 보거나, 청중에게 직접 피드백을 요청하라.

에바 짐머만: "언제나 정직하라. 프리젠테이션은 당신의 마음 속 깊은 곳에서부터 진정으로 우러나와야 한다."

힐튼 존슨: "제 프로그램에 대해서는 이미 고객과 대화를 나눴습니다. 저는 여기 여러분에게 모든 것을 설명해드리기 위해 왔지만 시작하기 전에, 이미 얘기했던 그 문제에 대한 당신의 전망은 어떻습니까?" 그들이 어떤 말을 하든지 그 말은 그들이 원하는 것 위주로 내 프리젠테이션을 이끌어 나갈 수 있는 근간이 된다.

케시 라일리: "당신이 그들의 말을 새겨들었고, 그에 대해 관심 있으며, 그들이 한 말을 우습게 여기지 않는다는 것을 보여줄 수 있는 말을 몇 마디 던지면서 고객들과 보조를 맞춰라." "말씀 감사합니다!" "무슨 말씀인지 알겠습니다!" "어떤 기분인지 알겠습니다!" "무슨 뜻인지 알겠습니다."

조수아 샤프란: "당신의 프리젠테이션을 듣기 위해 온 청중의 머릿속과 마음속을 들여다보라."

케시 롤란 스미스: "안녕하세요. 제 이름은 케시 롤란 스미스입니다. 제 이름을 벌써

잊으신 분이 있는 것 같네요. 제 이름은 케시 롤란 스미스입니다."

린지 데이: "청중에게 당신의 가장 좋은 모습을 보여주되 그것은 당신의 꾸밈없는 모습이어야 한다. '갈매기 이야기'와 '환영'의 작가인 리차드 바크는 이렇게 충고한다. 만약 당신의 참된 모습을 진실되게, 명확히 빛낸다면 마음 맞는 사람들을 당신 곁으로 끌어들일 수 있다."

팜 에반스: "즐거운 저녁입니다! 오늘밤 이 자리에 여러분과 함께 하게 되어 무척 떨립니다."

피터 레이나드: "프리젠테이션을 시작하기 전에 사람들에게 당신이 어떻게 당신의 회사에 들어왔으며, 왜 들어왔는지, 그 전에는 뭘 했는지 얘기해줘라."

랜디 게이지: "가장 성공한 사람은 바로 훌륭한 프리젠테이션을 하는 사람이다."

사이먼 해머:
- 그들에게 말하고자 하는 바를 얘기하라.
- 그들에게 말하라… 그리고나서
- 그들에게 말한 것을 다시 한 번 얘기하라.

"이것은 오래된 금언입니다. 보통 사람은 누구나 기억력이 짧습니다. 사람들이 단지 듣고만 앉아있도록 하는 것보다는 당신이 전달하고자 하는 메시지를 잘 전달하고 이해시켰는지 확인하는 것이 좋습니다. 당신은 메시지를 전달하고자 프리젠테이션을 하고 있는 것입니다. 그렇다면 그것이 제대로 전달되었다는 것을 확인하십시오."

고객 앞에서 처음부터 당신의 개인사를 모두 얘기하지 말라. 고객은 당신의 제품이 그들에게 어떻게 이익이 될 수 있는지 알고 싶어 한다. 당신 얘기를 하려면 당신이 이곳에서 어떻게 행복하게 일하고 있는지를 얘기하

라. 당신의 얘기가 재미있어야 한다. 당신 자신에 대한 얘기는 차라리 하지 않는 게 낫다. 얘기의 초점을 고객에 둬라.

수잔 올레즈니크: "사람을 만날 때, 첫인상이 중요하듯, 프리젠테이션 초반 몇 분이 당신의 성패를 좌우한다. 이 기회를 잘 활용해 당신의 청중을 알아주고, 그들 스스로 특별하다고 느끼도록 만들어야 한다. 그들에게 칭찬해주고, 감사의 표시를 하면 그들로부터 보답을 받을 것이다. 청중의 나머지는 당신이 청중과 만들어낸 그 친밀감을 보고 당신의 얘기를 다시 듣고 싶어 할 것이다."

테레사 엡스: "프리젠테이션에서 시각자료의 중요성은 아무리 강조해도 지나치지 않다. 통합되고 잘 정리된 프로다운 매너로 당신 스스로를 내세워 당신의 사업에 참여하는 것이 이익이 되도록 하라."

사람들이 서로 얘기할 수 있도록 하라:

"바로 옆의 사람과 5분 동안 대화를 나누세요. 오늘 당신이 배운 것 중 가장 좋은 것 두 가지가 무엇인지, 그리고 그것을 당신의 사업이나 가정에서 실천할 수 있는 방법을 얘기하십시오."

청중에게 시각자료를:

비치볼이나 원반을 이용하라. 볼을 잡는 사람이 아이디어를 내고 다음 사람에게 볼을 넘기는 것이다. 청중의 수가 많을 때는 이 방법이 정말 효과 있다!

말하기를 꺼리는 사람을 억지로 끌어들이지 말라:

대부분의 사람들은 대중 앞에서 얘기하는 것을 두려워한다. 정말 얘기하고 싶어 하지 않는 사람에게는 강요하지 말라. 그런 사람을 존중하고 존경해줘라. 그들에겐 나중에도 그런 기회가 올 수 있다.

청중의 참여:

- 질문하라; 그들이 당신에게 고개를 끄떡이도록 만들라.
- 청중의 참여를 유도하라.
- 사람들이 메모하도록 만들라. 유인물이나 노트의 효과는 정말 클 수 있다.
- 사람들이 자발적으로 역할놀이를 하기 위해 단상 위로 올라오도록 만들라.
- 사람들을 소그룹으로 나눠라.

사진을 이용하라:

- 당신의 잠재고객이 아는 사람이나, 장소의 사진이나 그림은 모두에게 확신을 심어줄 수 있는 가장 효과적인 도구이다.
- "백문이 불여일견"이라고 했다.
- 스스로 카메라맨이 되라.
- 사진을 '이전'과 '이후'의 두 가지로 준비하라.
- 사진을 많이 찍어라.

방안의 의자 몇 개 아래에 '깜짝 선물'을 준비하라:

만 원짜리 한 장을 의자 아래에 붙여놓고 청중에게 다음과 같이 말하라. "여러분은 지금 금광 위에 앉아 있다는 사실을 모르고 있습니다! 의자 아래에 뭐가 있는지 보십시오. 금광 위에 앉아 있다는 사실을 몰랐던 분은 의자 아래에서 찾은 것을 모든 사람이 볼 수 있도록 위로 높이 치켜드세요!"

음성 메시지 프리젠테이션:

전화를 할 때마다 음성메시지가 나온다면 그때마다 메시지를 남겨라. 전화가 오지 않으면 다시 전화해 다른 메시지를 남겨라. 항상 즐거운 목소리로 짧게 남겨라. 그리고 그 사람과 통화하게 될 때까지 계속 전화할 것임을 그에게 알려줘라. 전화할 때마다 다른 메시지를 남겨라. 첫 번째 메시지에서는 당신이 통화하고 싶은 그 사람에게 좋은 것이 있으며 아마 관심을 가질 만할 것이라고 말해달라고 남겨라. 예를 들어, 시간절약, 적금, 삶의 질 향상 등등… 두 번째 전화부터는 첫 번째 메시지에 남긴 것을 인용하고, 그 사람이 전화해줄 때까지 계속 전화하라.

파워 전화:

매일 쉬지 말고, 점심도 거르고, 직장에서는 아무 것도 먹지 말고, 아침 8시부터 오후 2시까지 일하라. 열심히, 영리하게 일하라. 바이어나 판매원과의 약속이나 비상시는 제외하라.

파워 토킹:

당신이 어떤 전화 프리젠테이션을 하든, 중요한 것은 당신이 얼굴을 볼 수 없는 상황에서 누군가와 관계를 형성해야 한다는 사실이다.

1) 관계 형성하기… 프로답게, 그리고 즉각 대답하라… 매너 있게 대화하라… 'C.P.R.'을 이용하라(상담해주고, 개인화시키고, 추천해줘라).

2) 관계 돈독히 하기… 계속 연락하라… 긍정적인 연락을 계속하라… 계속 고객의 기대 이상으로 만족시켜줘라… 약속을 지켜라… 업그레이드 하고, 상호판매하고, 소개받은 사람이 관계를 더욱 돈독히 하도록 촉구하라.

3) 관계 재건하기… 무엇이 잘못되었는지 찾아내고 그것을 고쳐라… 불평불만을 유도하고, 그것을 달갑게 받아들여라… 'S.O.A.R.'을 이용하라(피드백을 요청하고, 대화의 흐름을 개방하고, 행동에 대해 보상하라).

전화 프리젠테이션 기법:

- 질문하라: "제가 방해가 되었습니까?"
- 사람들이 당신의 제품을 사고 싶어 한다고 생각하라.
- 정말 열정적이어야 한다.
- 거절당할 것에 대비하라.
- 당신의 프로스펙트를 칭찬하라.
- 당신의 열정을 퍼뜨려라.

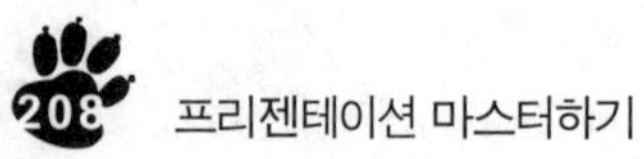

 프리젠테이션 마스터하기

파워 전화 기법:

당신의 사업에 전화를 좀더 효과적으로 이용하기 위해 사용할 수법은 많지만 그 중에서도 사업상 전화로 관계를 쌓아야 할 때, 상당한 효과를 볼 수 있는 세 가지 방법이 있다.

1) 전화 맺음말을 사용하라… 전화를 걸었는데 상대방이 받을 수 없다면 얼마나 시간 낭비인가? 그럴 때, 다음의 방법을 이용하라:

   a) 혹시 통화가 가능한 다른 전화번호는 없는지 묻고, 그렇지 않으면 다른 사람이라도 지금 당신의 부탁을 들어줄 수 있는지 물어라.

   b) 당신이 원하는 바를 상세히 남겨라. 그들이 당신에게 다시 전화할 시간을 정확히 말해줘라.

   c) 당신이 언제 다시 전화하겠다는 말을 꼭 남겨라.

2) 전화할 시간 아끼기… 당신이 전화한 목적에 대해 고객의 관심을 끌 수 있는 시간은 얼마든지 있다. 그러니…

   a) 오는 전화를 받기보다는 직접 전화를 하는 것이 낫다. 그래야 당신이 준비가 더 잘 되어 있을 것이고, 집중하고 있을 것이므로, 당신의 마음이 딴 데 가 있을 때, 상대방에게 불시에 허를 찔릴 염려가 없다.

   b) 전화를 걸기 전, 통화 내용을 미리 준비하라. 전화한 목적에 집중하라. 메모를 하라.

   c) 당신의 배우자나 동업자와 함께 전화 받는 체제를 만들어라. 그들이 당신의 통화 가능 시간을 알고 있어야 하며, 그들에게 당신의 통화 스케줄을 관리하도록 하라.

3) 감시망을 뚫어라… 당신의 전화를 상대방이 가려 받고 있으며, 당신은 고객과 통화할 수 없을 것이라는 생각이 드는가? 그렇다면…

   a) 당신이 통화할 수 있을 시간에 전화를 걸어라.

   b) 전화 받는 사람을 당신 편으로 여겨라. 전화한 이유를 간단히 설명하고, 기꺼이 기다리며, 관계를 돈독히 하고, 그 사람의 이름을 알아내라. 일방적으로 약속을 정하라: "목요일에 통화 가능하시다구요? 그럼 제가 오전 10시 30분에 전화하죠. 아니면 오후 1시 30분에 전화할까요? 어느 시간이 더 좋겠습니까?"

c) 전화 받고 따돌리려는 사람을 활용하라. 당신의 프로스펙트의 스케줄을 물어보고, 전화하기에 가장 적당한 시간이 언제인지, 그가 언제 가장 한가한지 물어라.

팁:

당신의 목소리 톤에 주의하라:

- 단조로운 목소리로 얘기하고 있다면 음조의 높낮이를 조절해 중요한 단어에 강세를 둬라.
- 당신의 목소리가 피곤하게 들린다면 말하는 속도를 빨리 하라.
- 목소리 톤이 너무 높으면 좀더 낮은 목소리로 말하라.
- 미국의 라디오 아나운서들은 1분에 150 단어를 읽는다.

피해야 할 전화 용어들:

사용해야 할 용어가 있고, 피해야 할 용어가 있다. 전화 프리젠테이션을 할 때는 가능한 한, 모든 긍정적인 단어를 사용해야 한다. 여기 당신이 전화 프리젠테이션을 할 때, 반드시 피해야 할 용어들이 있다:

하지만… '하지만' 이라는 단어를 사용함으로써 이 단어의 앞뒤에 있는 문장의 가치를 떨어뜨리고 있다. 상대방은 당신에 맞서 싸울 준비를 하고 있을 것이다. '그리고' 를 사용하라.

반대하다… 이 말을 사용함으로써 당신은 불화를 일으킨다. 상대방은 당신이 자신이 틀렸다고 말하는 것으로 이해하기 때문이다. "알겠습니다. 다른 관점에서 볼까요?" 라고 말하라.

실패하다… 실패를 실패로 보지 말고 배울 수 있는 기회로 여겨라. "하나 배웠습니다" 라는 말을 써라.

해야 한다… 이 말은 당신이 어쩔 수없이 하도록 강요당했으며, 도와주고 싶은 마음이 없는 것으로 들린다. "기꺼이 하겠습니다" 라고 하라.

해보죠… 이 말은 당신이 하고 있는 일에 대해 주저하고 있으며 확신이 없는 것으로 들린다. "하겠습니다" 라고 하라.

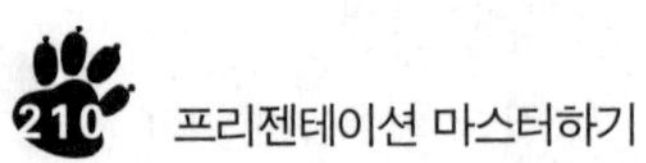

운이 좋았죠… 당신의 성공을 요행수로 돌리지 말라. 당신 스스로 긍정적인 결과를 만들어냈다고 자부하라. "제 노력의 결과죠"라고 하라.

이럴 때만… 이 단어를 사용하면 당신의 신용도가 떨어진다. "저는 그렇습니다", 또는 "저는 믿습니다"라고 하라.

문제… 이것은 창조력을 억제한다. "해볼만한 일 같습니다"라고 하라.

해야죠… 막연하고 신뢰감이 떨어져 보인다. "하겠습니다"라고 하라.

진짜로… 상대방에게 당신이 항상 정직한 것은 아니라고 말하는 것과 같다. 프리젠테이션에서는 이 단어를 사용하지 말라. 항상 요점만 말하고, 정직하게 말하라.

당신 때문에… 당신이 상황을 조절하는 것이 아니라 피해자인 것처럼 들린다. "제가 보기엔"이라고 하라.

당신이 사용하는 말이 당신을 평가하는 잣대가 된다. 상대방은 당신의 얼굴을 볼 수 없기 때문에 당신이 이야기하는 방식과 사용하는 단어들에 근거를 두고 당신에게 협조할지 여부를 결정함을 잊지 말라.

전화 프리젠테이션 연습:

아래의 연습 내용은 '가족 요리법 연습'이라는 것이다:

청중들에게 파트너를 정하도록 한 다음, 자신이 좋아하는 집안의 전통 요리법을 1분 동안 생각하라고 말하라. 그리고 파트너끼리 A와 B를 정하도록 하라. A가 먼저 시작한다. "모두들 손은 가만히 두세요. 손은 사용하면 안 됩니다. 말로만 설명하세요. 제가 셋을 세면 A가 자기 집안의 요리법을 얘기합니다. 그리고… 참! 여러분은 전화로 얘기하는 것이므로 서로 얼굴을 볼 수 없어야 합니다. 그러니 제가 불을 끄겠습니다. 하나, 둘,

셋… 시작하세요!"

청중은 이 방법으로 즐거운 시간을 갖게 될 것이다. 그러니 적당한 때에 그들에게 멈추도록 하고 B가 시작하도록 하라. 연습이 다 끝난 후, 모든 것이 분명해질 것이다. 전화에서는 당신의 열정을 설명할 수 있는 단어를 사용해야 하는데 열정은 바디 랭귀지나 제스처 같이 겉으로 나타나게 마련임을 알 것이다. 청중은 당신이 말하고자 하는 요점을 이해했을 것이다.

전화는 당신의 친구:

전화기가 살아있는 생명체라고 생각하고 당신이 일을 하는 데 도움을 주는 것이라고 생각하라. 당신의 전화기가 깨끗한지 살펴보라. 당신이 사랑한다고 말해줘라. 이름을 지어줘도 좋다(나는 홈즈라는 이름을 좋아한다). 전화기를 최대한 활용하라. 이 전화기가 당신과 당신의 고객, 그리고 당신의 목표 사이의 아름다운 관계의 시작이 되도록 하라. 원하는 모든 성공을 이루기 위해 당신의 전화를 잘 관리하고, 그것을 이용해 이루도록 하라. 전화기에 대한 당신의 부정적인 자세는 버리고 전화기에게 다음과 같이 인사하라. "안녕, 홈즈! 오늘 멋진 약속 하나 만들지 않을래? 나랑 같이 다니는 거야."

전화기 약속

- 나는 내 전화기에게 감사한다.
- 내 전화기는 나와 불가분의 관계이다. 이것은 믿을만하고, 내게 충실하며, 내가 의지할 수 있는 것이다. 게다가 이것은 지각도 하지 않는다!
- 내 전화기는 고객과의 약속을 잡기 위해 꼭 필요한 것이다.
- 내 전화기는 내 사무실에서 가장 강력한 무기이다.
- 내 전화기는 시간과 돈에 관한 한, 아주 중요하다.
- 내 성공의 핵심은 바로 내 책상 위에 있다.

Chapter 7

프리젠테이션 마치기
Ending the Presentation

프리젠테이션 마스터를 위한 백만 달러짜리 아이디어

Chapter 7

프리젠테이션 마치기

"끝까지 들어준 것에 대해 청중에게 감사를 표하라."

– 자넷 웨이크랜드

젠 루는 프리젠테이션을 마친다:

"이제 시간이 다 되었군요!", 혹은 "오늘부터는 당신이 마치 '당신이 되고 싶어 하던' 그 사람이 된 것처럼 사십시오.", 혹은 "위대함을 추구하세요. 부와 풍요로움을 즐길 준비를 하세요. 결코 포기하지 마세요. 큰 꿈을 가지세요. 언제나 그리고 지금 여러분에게 말하고 있는 이 순간에도 나는 여러분을 믿습니다. 평범한 삶을 살지 마세요. 챔피언이 되세요!"

프리젠테이션 마치기:

많은 세일즈맨들이 판매에 필요한 각 단계를 잘 해나가지만 거의 마지막 고지에 와서는 실수하고 만다. 프리젠테이션을 마무리하는 기법을 연구하라. 프리젠테이션 시간의 95%는 끝을 향해 진행되어야 한다. 대부분의 평범한 세일즈맨들은 주어진 시간의 95%를 물건을 파는 데만 쓴다. 많은 사람들이 프리젠테이션을 잘 마무리하지 못해 많은 판매 기회를 매일 잃고 있다. 판매에서 최고 수익을 올리기 위해서는 강한 인상을 남길 수 있는 마무리를 준비해야 한다. 마무리하는 기법을 배우고, 마스터하기는 쉽지만 평생 당신에게 고수익을 가져다줄 것이다. 마무리하는 법을 배워라.

팁:

"그들을 웃기고, 울리고, 마지막엔 가벼운 발걸음으로 나가도록 하라."

> # "단 한 줌 의 에너지가 수 백 가지 기술 보 다 낫다."
>
> – 로저 아일즈

프리젠테이션 끝맺기:

"나는 프리젠테이션을 마치는 방법의 모든 것을 내 스승인 탐 홉킨스로부터 배웠다: 나는 그의 세미나에 수 년 동안 참가했다; 나는 그의 책을 탐독했고, 그 개요를 잡았다; 그가 마지막에 하는 말과 질문들을 외웠고, 그 덕분에 부자가 되었다. 그 세월 동안 나는 마무리 방법에 대한 몇 가지 이야기를 소중히 기억하고 있다. 그리고 지금 그것들이 이 가이드북 안에 들어 있다. 나는 그것을 여기에 삽입하기 위해 조금 손을 보았다." – 젠 루

그들의 눈을 통해 보고 마무리하라:

몇 년 전, 나는 연설자로서 큰 파티에 참석한 적이 있다. 내가 연설을 하기 전, 사회자가 청중 가운데 한 사람을 소개하며 이렇게 말했다. "이 여성은 지난해 이 분야에서 전국 평균 판매 소득의 두 배를 올렸습니다…"

그 사회자의 어투는 그것이 대단한 성과라고 말하는 것 같았다. 모든 사람이 고개를 치켜들고 궁금해 하면서 소개된 여성을 바라보았다. "그리고 그녀는 맹인입니다." 박수소리가 터져 나왔다. 박수소리가 조용해지자, 사회자는 "여러분 모두 그런 장애에도 불구하고 그녀가 어떻게 판매실적 3위를 이뤘는지 궁금하실 겁니다." "잠깐만요." 그 맹인

여성이 말했다. "전 장애 같은 거 없어요. 전 이 분야의 다른 판매원들보다 좋은 장점이 있어요. 전 제가 파는 물건을 본 적이 없습니다. 그래서 제 고객의 입장에서 그들에게 다가갈 수 있었죠. 나는 앞이 보이는 모든 사람들이 할 수 있었던 일을 해야 했어요. 여러분도 저처럼 했다면 고객에게 더 나은 서비스를 제공할 수 있었을 것이고 수익도 더 많았을 겁니다."

사람들이 그녀가 한 말을 곱씹어보는 그 잠시 동안 장내는 쥐죽은 듯 조용했다. 그리고 자신을 추스르고, 앞이 안 보이면서도 물건을 팔고, 다른 사람들에게 슬기로운 충고를 해준 이 용기 있는 여성에게 사람들은 박수쳤다.

요지는 당신이 파는 제품이나 서비스, 사업 기회의 장점과 특징을 고객의 관점에서 바라봐야 한다는 것이다. 당신이 팔고자 하는 것을 당신이 아닌, 그들의 가치 기준에 따라 재봐야 한다. 당신은 그들의 가치 있는 장점에 접근해야 한다. 그리고 당신이 그들의 필요성을 충족시켜줄 수 있다는 확신을 보여줘라. 그들의 필요성을 정하고, 그들의 진정한 동기를 알아낸 다음, 그들의 요구 사항을 처리할 능력이 있다는 신뢰감을 풍겨야 한다. 만약 당신이 그들의 욕구를 채워줄 능력에 대한 회의감이 있다면 그들이 왜 당신을 필요로 하겠는가? 고객들은 그들이 진정으로 원하는 결정을 내린 것을 합리화하기 전에 확신을 가질 필요가 있다.

당신이 최근에 자동차를 샀을 때, 생각보다 더 많이 썼는가? 그것이 새 차였다면 절대 옵션은 구입하지 않겠다고 굳게 결심하고 자동차 대리점에 들어갔다가, 나올 때는 모든 옵션을 단 채, 차를 끌고 나오지는 않았는가? 그랬다면 당신이 진정으로 하고 싶었던 결정을 합리화하도록 도울 수 있는 프로 세일즈맨을 만난 것이다. 자동차 시트 등받이를 뒤로 젖힐 때, 기쁘지 않던가? 차내에서 오른쪽 사이드 미러를 조정하고, 입체 시스템을 시험하고, 밖은 무더운 날일 때, 시원하게 냉방된 차의 실내에 느긋하게 앉아 있으면 기쁘지 않던가? 물론 그럴 것이다.

이때 즈음엔 이미 당신이 매달 지불해야 하는 할부금이 더 늘었다는 사실은 이미 잊어버렸다.

투우사처럼 되라:

TV의 투우 경기를 3분 정도만 들여다보면 투우와 판매 활동의 여러 가지 면이 서로 대칭을 이룬다는 것을 알 수 있다. 그러니 이제 나와 함께 수천 명이 있는 그 투우 경기장으로 떠나보자. 그것은 마치 당신을 아는 모든 사람이 사회 경력을 쌓아나가는 당신의 모습을 지켜보는 것과 같다.

덩치 큰 황소가 모래바닥을 쾅쾅 구르면 환호성이 울린다. 이 황소는 고객과 같은데 이제 경기장에 입장한 것이다.

다음은 투우사가 나오고, 장내는 갑자기 조용해진다. 당신이 프리젠테이션을 하기 위해 방 안에 들어설 때처럼… 그럼 이제 누가 주도권을 쥐게 되는가?

황소의 무게는 투우사의 12배쯤 되며, 동물의 야성과 뾰쪽한 뿔로 무장했다. 이 시점에서 투우사가 가진 것은 천 조각 한 장과 용감한 기술뿐이다. 이것은 판매 행위가 이뤄질 때의 흔한 광경이 아닌가?

고객은 당신으로부터 물건을 구입할 것인지 여부를 결정할 수 있는 절대 권력을 가진 반면, 당신이 가진 것은 기술과 배짱뿐이다.

마치 투우사가 황소를 제압할 수 없는 것과 마찬가지로 당신도 고객을 제압할 수 없다. 힘은 상대에게 있기 때문이다. 투우사처럼 당신도 프리젠테이션을 해야 하는 그 장소에 올라설 때마다 당신이 맞서야 하는 당신에게 불리한 확률을 깨고 이길 수 있는 훌륭한 기술이 필요하다.

투우사가 이용하는 첫 번째 것은 망토이다. 이것으로 황소를 리드하고, 자신의 사기를 드높인다.

당신의 고객에게 접근할 때도 이와 같이 하라. 질문으로 그들을 리드하라. 제품 프리젠

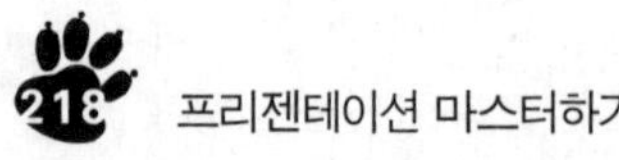

테이션에 대한 전문적인 지식을 가지고 있다는 느낌을 그들에게 주어라.

당신의 고객이 콧방귀를 뀌고, 발을 구르며, 당신을 비난하면 그대로 다 받고만 있는가? 들것에 실려 나오고 싶지 않다면 그렇게 하지 말라. 물론, 당신이 입을 상처는 눈에 보이는 것이 아니다. 당신은 두 발로 걸어 나올 것이다. 하지만 자금과 자신감과 자신에 대한 확신에 흠이 갈 것이다.

고객이 당신을 비난하더라도 그에 맞서지 말라. 투우사가 하듯이 한쪽으로 비켜서서 당신의 고객이 그대로 달리게 하라. 그가 화나서 발을 구르며 하는 얘기를 들어주고, 투우사가 하는 것처럼 당신의 고객이 어느 곳에 그의 뿔을 겨누는지 보라. 그런 후, 그와 대화하라. 항상 그에게 가까이 다가가 질문하고 또 계속 질문해 그를 리드하라.

그는 "더 얘기해주세요"라고 할 것이다. 당신은 "더 얘기해주세요"라고 생각할 것이다. 당신이 묻고 답하라. 정교한 기술로 당신의 망토를 이용하라. 그리고 미리 정해진 결과로 강력한 상대방을 조절하라.

대중의 존경을 받고, 경기를 완승으로 이끌기 위해 투우사는 정확한 타이밍에 황소의 뿔을 지나쳐야 하고, 4분의 1 지점에 정확히 자신의 칼끝을 꽂아야 한다. 이것이 바로 크고 어려운 프리젠테이션을 세련되게 끝내는 모습이다. 투우 경기나 프리젠테이션에서 가장 힘겨운 위기의 순간은 모두 마지막에 오며 투우사의 최후 공격은 당신의 맺음말과 비슷하다. 기술이 없고, 연습이 부족하며, 준비가 안 된 사람에게 프리젠테이션의 맺음말은 투우사가 투우의 뿔에 받히는 것과 같다. 두 가지 경우 모두 '도' 아니면 '모'다. 믿을 것이라곤 지식과 기술, 그리고 배짱뿐이다.

미래의 불빛:

이미 많은 사람들이 시도해 그 효과가 입증된 기법으로 싸운다. 여러분이 이 가이드북을 읽고나면 두려움을 떨쳐버리고 당신의 프리젠테이션에 모든 것을 바치겠노라는 의식 있고 감정적인 결정을 내려라. 당신의 마음속에 확신을 갖고 머릿속에는 의지를 가져라.

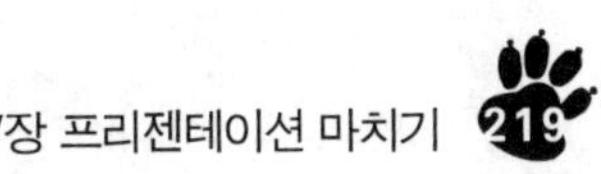

당신은 가능한 모든 것을 동원하고, 당신의 프리젠테이션 기술을 개선하겠다고 결심하라. 당신이 강조할 부분을 확인하고, 개념을 마스터하고, 가능한 모든 기술을 받아들이고, 완벽히 익힐 때까지 모든 기술을 연습하라. 당신의 수익은 올라갈 것이고, 계속 배로 뛰고, 증가할 것이다. 당신의 사업을 키우겠다는 목표를 세우고, 꿈을 크게 가지면 당신의 수익은 놀랍게 증가할 것이다.

이 가이드북에서 제공하는 기술들을 마스터하라. 그러면 당신이 프리젠테이션에서 이용할 수 있는 새롭고 흥미로운 것을 발견할 수 있을 것이다. 프리젠테이션과 판매를 훌륭히 마칠 줄 아는 사람들 중에는 최대 평균치가 다섯 번이나 마무리 시도를 한다는 점을 잊지 말라. 즉, 전문가들은 다섯 번 시도한 다음, 진짜로 마무리 짓는 것이다. 만일 프리젠테이션을 한두 개밖에 모른다면 그것은 충분하지 않다. 일단 사람들이 당신의 애기를 듣고서 당신이 프리젠테이션을 한 개밖에 모른다면 계속 초대받지 못할 것이다. 사람들은 새롭고 신선한 것을 원하며, 일단 당신이 많은 설명회를 알고 있고, 그것에 자신이 있다는 것을 깨닫는 순간, 그들은 당신에게 프리젠테이션을 요청할 것이다.

> ## "행운 의 여신은 용 감한 자의 편이다."
> – 젠 루

팁:

배우고, 성숙하고, 성공의 길로 들어서기 위해 대가를 치르는 대신, 다른 길이 있다는 것을 잊지 말라. 당신은 단지 지금까지 살아온 것처럼 계속 남아 있을 수 있다.

프리젠터의 마무리 확인 리스트:

마무리할 것을 항상 가지고 있어라. 언제, 어디서든 마무리할 수 있도록 준비하라. 프리젠테이션은 골프 코스, 테니스 코트, 온천, 유람선, 조깅 트랙, 육상 트랙, 스키장, 등

산길, 사실 사람들이 운동하고, 일하고, 쉬는 그 어느 곳에서도 이뤄질 수 있다. 사업의 실패는 사무실과 대리점 밖에서 이뤄진다. 많은 판매 활동이 실패하는 이유는 프리젠터가 서류를 미처 준비하지 못하는 바람에 프로스펙트와 함께 다시 되돌아가야 하기 때문이었다. 당신이 준비해 다시 프로스펙트에게 돌아올 무렵이면, 그는 이미 마음을 바꿨을지도 모른다. 당신이 들고 다니는 서류가방이나 클럽 라커, 슬리핑 백, 자동차 트렁크, 사무실 책상 등에 항상 마무리할 것을 준비해둬라.

☐ **깨끗한 서류**: 당신의 핸드백이나 서류가방 안에서 닳지 않은 빳빳한 새 종이를 이용하라. 커피 흘린 자국이 있는 서류를 꺼내면 당신의 프로스펙트는 당신이 수개월 동안 프리젠테이션을 한 번도 못한 것으로 생각하고, 당신이 그 기록을 깰 수 있도록 돕지 않을 것이다!

☐ **계산기를 이용해 돈 계산을 하라**: 최근의 성공한 프리젠터들은 연필이 아닌 계산기로 물건을 판다. 인간적인 실수를 범하지 말라. 당신의 암산 능력보다 계산기를 믿어라.

☐ **테스트나 시범 마무리를 이용하라**: "어느 것이 더 좋으신가요?, 첫 번째, 아니면 15번째?"
- 반대 의견에도 대답하라.
- 다투지 말라.
- 반대 의견을 설득할 때, 공격하지 말라.
- 반대 의견에 대해 당신의 의견을 들려줘라.
- 그들의 얘기를 끝까지 들어라.
- 그들 스스로 자신의 반대 의견에 답하도록 유도하라.
- 반대 의견에 대해 질문하라.

☐ **마무리를 향해 가라**: "그럼 이것은 어떻습니까?" 그리고 입을 다물라.

☐ **먼저 말하는 사람이 지는 것이다.**: 마지막 마무리로 향할 때는 바디 랭귀지를 바꿔

라. 마지막 단계가 끝났으며 당신이 마지막 마무리를 향해 나아가고 있다는 신호를 보내기 위해 당신의 제안서의 페이지를 넘기고, 의자의 위치를 바꿔가면서 다음과 같이 말하라: "그런데요, 저와 함께 참여해 삶을 상상하셨던 것보다 훨씬 더 낫고 재미있게 만들 준비가 되셨나요?", 혹은 "그런데요, 이것은 어떠세요, 신용카드를 꺼내시겠습니까?"

SPR - 가진 것과 가지지 못한 것의 차이:

지금 당신은 당신의 R's보다 나을 게 없다. 당신이 아직 좋은 P를 가지지 못했기 때문에 당신의 R's는 좋지 않다. 누군가가 당신에게 좋은 S를 주지 않는다면 당신이 좋은 P를 갖는 것은 거의 불가능하다.

자극, 중지 그리고 대답 이론:

당신이 오늘밤 집에 들어설 때, 당신의 고양이를 보지 못하고 그 녀석의 꼬리를 밟는다면 당신은 '자극'을 받게 될 것이다. 당신의 고양이는 즉각적인 반응을 보일 것이다. 그 녀석은 멈춰 서서 "그래, 나중에 두고 보자. 하지만 일단 소리를 질러 이 인간의 발밑에서 벗어나야겠다"라고 생각하지 않는다. 동물의 즉각적인 반응은 S-R 즉, 자극이 있으면 반응을 보인다.

우리 인간은 자극에 반응할 수 있는 훌륭한 능력이 있다. 자극을 받으면 잠시 멈추고 어떻게 하는 것이 가장 좋은 반응인가 생각한 후, 반응을 보일 수도 있다. 인간의 반응 공식이 여기 있다.

자극-중지-반응

당신은 자극적인 방법으로 프리젠테이션을 마쳐야 한다. 그리고 잠시 멈추고, 고객이 당신의 자극에 반응을 보일 수 있도록 해줘야 한다.

당신은 스스로를 프리젠팅 기계로 변신시켰다. 그렇다면 이제 그 기계를 작동시킬 때다! 기어를 높이고 당신이 준비한 프리젠테이션 자료를 효과적으로 이용하기 시작하는

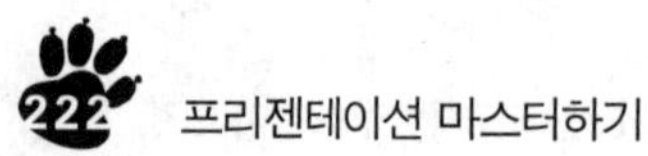

그 순간, 당신은 당신의 새로운 운명의 끈을 바라보게 될 것이다. 바로 그 순간, 당신은 평균 이상을 깨뜨리고, 최고의 반열에 오를 준비가 된 것이다. 당신이 최고의 프로다운 프리젠터의 위치에 다다른 순간, 당신은 당신을 그 자리에 올려놓은 바로 그 노력과 방법을 내던져버리고 싶은 충동을 느끼게 될 것이다. 당신은 지나온 어려움을 웃어 넘겨버리고 다시는 생각조차 하고 싶지 않을 것이다. 당신의 황금기를 지키고, 효과적으로 활용하라. 일 년에 한 번씩 이 책을 복습할 수 있도록 당신의 달력에 메모하라. 당신의 학습에 유효기간을 두지 말라. 당신이 벌어들일 수 있는 수익에 제한을 두지 말라. 당신의 지식을 강화하고 덧붙여라. 마무리할 것들을 모아라.

　골퍼에게는 골프 클럽이 있듯이, 프리젠터의 주요 마무리 도구는 입이다. 자신있게 입을 활용하라. 올바른 단어 선택법을 배우는 데 집중하라. 당신이 한 말이 때로는 좋지 않은 결과를 초래할 수도 있음을 받아들여라. 더욱더 많은 세미나에 참석하라. 새로운 자료를 배우고, 매일 그것을 활용하라. 욕구를 만들고, 적절한 훈련을 한다면 당신은 원하는 수익을 올릴 수 있을 것이다.

모든 사람에게 말하고 싶은 충동을 억제하라. 어떤 프리젠터들은 너무 흥분한 나머지, 말하는 것을 멈추고, 프리젠테이션을 끝내지를 못한다. 자동차 문을 꽝 닫듯이 프리젠테이션을 힘있게 끝내라!

"쇼 비즈 니스 만한 것은 없다."

– 에델 머만

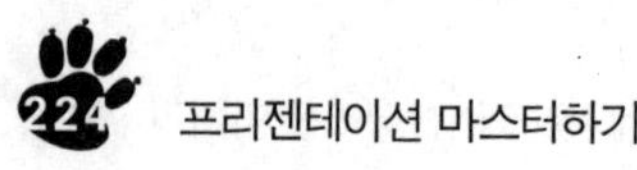

Chapter 8

프리젠테이션이 끝난 후
After the Presentation

프리젠테이션 마스터를 위한 백만 달러짜리 아이디어

Chapter 8

프리젠테이션이 끝난 후

"프리젠테이션이 끝난 후, 그 자리에 남아 있어라.
누구를 만나게 될지 아무도 모르는 일이다."

– 프리실라 해리슨

프리젠테이션이 끝난 후:

연설자에게 다가가 그 곁에 서 있어라. 실력 있는 프로들은 저명한 연설자의 주변에 모이기 마련이다. 손을 뻗어 자신과 네트워크를 소개하라. 그들과 인사를 나누고, 명함을 받아라. 그 연설자와 사진도 한 장 찍어둬라.

연설자를 모셔온 사람에게 감사를 표하라:

프리젠테이션 다음날, 연설자를 섭외한 사람에게 전화를 걸어라. 그 세미나를 후원해 준 것에 대해 결정권자에게 감사를 표하라. 기회가 있을 때마다 연설자를 섭외한 담당자에게 전화하라. 더 많이 할수록, 당신의 평판이 올라가고, 몇 번만 하고 나면 당신이 연설자 섭외 담당자로부터 귀한 대접을 받는 것에 스스로도 놀랄 것이다.

최근의 프리젠테이션을 다음 프리젠테이션의 청사진으로 활용하라:

- 프리젠테이션이 끝난 후, 어떤 말이 청중으로부터 호응을 받았는지 스프링노트에 메모해둬라.
- 스스로에게 물어보라, 어떤 점을 개선해야 할까?
- 어떤 점이 당신의 성공의 밑거름이 되었는지 확인하라!
- 청중들이 문서나 구두로 평가하도록 하라.
- 프리젠테이션을 수정하고 개량하라.

비판가를 주의하라:

연설자들 스스로 준비해야 한다! 당신이 프리젠테이션을 하면 비판하는 사람들이 있게 마련이다. 가장 좋은 방법은 비판의 말을 무시하거나, 아니면 그것을 당신의 동기부여의 도구로 활용하라. 비판가란 다른 사람들에 대해 부정적인 판단을 내리거나 비판을 늘어놓는 사람이다. 훌륭한 프리젠터들은 다른 사람들이 자신을 어떻게 개선할 수 있는지에 집중한다. 비판가들은 꿈과 희망을 무너뜨리고 싶어 하는 사람들이다. 그들은 사람들의 실패하는 모습을 지켜보길 좋아한다. 대부분의 비판가들은 재능 있는 사람들을 시기하고, 성공의 의지가 있는 사람들을 질투한다. 야망을 가진 사람들의 꿈을 무너뜨리려는 비판가들은 너무나 많다. 비판가들은 성공의 필수요건이기도 하다. 비판가들은 그들에 맞서 용기 있게 비판을 받아들일 배짱이 없는 사람들을 낙오시킨다. 비판가들을 이겨내고 성공할 수 있는 사람들은 진정한 챔피언이다. 다른 사람의 말을 들을 때는 주의하라. 소위, 조언을 해주겠다는 사람들의 동기를 주의깊게 살펴라. 이 점은 확실히 하라. 성공한 사람들은 그렇지 못한 사람들보다 더 많은 비판을 받게 마련이다.

성공하는 연설자들은 뭔가 다르다. 그들은 대중을 따르지 않고, 대중에 영합하지 않는 사람들은 다르기 때문에 종종 비판을 받는다. 성공을 애기하는 사람은 청중의 한 사람이 되지 않았기 때문에 그 대가를 치러야 한다. 단상에 올라가면 영화 '라이온 킹'의 노래 한 구절을 기억하라. 육식동물이 "자, 이제 식사 시간이다!"라고 노래한다.

 프리젠테이션 마스터하기

비판을 당신의 자극제로 활용하라.

비판가들이 프리젠터에 대해 으레 하는 얘기들:

- 당신이 하는 말에 관심 있는 사람은 아무도 없다.
- 훌륭한 여성 연설자들이 등장해 남성들이 설 자리가 없다.
- 당신이 왜 전문가인가?
- 당신은 너무 야심에 찬 사람이기 때문에 다른 사람에게 해가 된다.
- 당신은 성공할 수 없다.
- 당신은 위대한 연설자라고 하기엔 지능력이 부족하다.

수잔 올레즈니크: "당신이 회사에서 윗자리로 올라가면 갈수록, 당신을 헐뜯는 사람은 더 많아진다." 기억하라. "당신이 아무리 열심히 춤을 추어도 박수를 치지 않는 사람은 꼭 있다."

불평 처리:

사실: 불평가들이 당신 회사와 다시 일하게 될 확률은 그렇지 않은 사람들보다 더 높다. 그들의 불만이 만족스럽게 해결되지 않을 경우에도 말이다.

사실: 평균적인 기업은 불만족 고객의 96%의 얘기는 귀 기울여 듣지 않는다.

사실: 기업에 불평이 접수되는 사례는 1/27 밖에 되지 않는다. 그 중 6건은 정말 심각한 것이다.

사실: 당신 회사에 불만을 접수하지 않는 사람은 9~10명의 다른 사람들에게 그 불만을 털어놓는다.

- 확고한 태도를 가져라. 감정을 자제하고, 사실에 근거를 두어라.
- 다투지 말라. 당신은 올바르고 공정한 일을 할 준비가 되어 있음을 설명하라.
- 성공하는 사람들은 불만 사례를 다음과 같이 다룬다:
- 예의바르게 행동하라. 예의바른 행동이 많은 것을 불러일으켰다: 즐거움과 공손함, 사려 깊음, 재치, 좋은 기분, 매력 그리고 사내 예절 등등. 단지 사람들에

게 좋게 대하는 것이지만 그것이 항상 쉬운 일은 아니다.
- 윗사람에게 쏟아부어라. 당신의 회사에 대한 불만 사례를 접수받으면 당신의 업라인이나 상사, 혹은 불만 사례를 해결할 수 있는 사내 직원에게 가서 얘기하라. 당신이 속한 조직이나 기업의 모든 사람에게 가서 얘기하지는 말라.
- 고객에게 '아니오'라고 말하기는 어렵지만 어쩔 수 없는 상황에서는 당신도 별 방법이 없다. 이것만은 확실히 하라: 일단 고객의 강요에 끌려가면 끝도 없을 것이다.
- 고객의 위신을 세워주어라. 당신의 상황을 공손하고 조리 있게 설명하라.
- 고객이 말도 안 되는 요구를 할 때는, 고객 스스로도 그것을 잘 알고 있다. 어쨌든 고객은 당신이 동의해줄 것으로 기대하지 않을지도 모른다.

유머를 이용하라:

- 진짜 위트가 있는 사람은 다른 사람들이 우쭐해질 수 있는 농담을 던지지만 위트가 부족한 사람은 다른 사람들이 스스로 초라하게 느낄 수 있는 농담을 던진다.
- 상대방을 영웅으로 만들어줘라.
- 당신이 이미 들었던 농담이나 얘기를 들을 때도 상대가 얘기하는 도중에는 끼어들지 말라.

팁:

당신은 자신의 잠재력을 활용할 수 있는 유일한 존재이다. 지금 활용하라!

비판가의 말을 귀담아 듣되, 그들의 말에 동의하지는 말라. 건설적인 비판이라는 것은 없다. 대부분의 비판은 대개 비판하는 사람들이 문제가 되는 행위를 비판하기보다는 그 행위를 한 사람을 비판하기 때문에 파괴적인 것이다. 그런 식의 비판은 아주 잘못된 것이다. 이런 식의 비판은 무시하라. 아무 가치도 없다. 당신이 존경하는 사람을 찾아가 긍정적인 피드백을 요청하라.

 프리젠테이션 마스터하기

도전:

힘든 시기가 있을 것이라는 예상을 하라. 격변을 예상하고, 어려운 사람들, 부정적인 사람들, 비판가들과 위선자들이 있을 상황을 예상하라. 그들과 마주쳤을 때, 놀라거나, 흔들리거나, 기가 꺾여서는 안 된다. 이런 상황에 마주치면 다음과 같이 해보라:

- 마음속의 모든 부정적인 생각을 지워라.
- 긍정적인 사람들과 함께 하는 시간을 즐겨라.
- 긍정적인 사람들과 다시 만나고 새롭고 더 나은 관계를 찾아 나서라.
- 새로운 목표를 세워라.

  "도전은 환영에 불과하다. 현실에서는 결정해야 하는 대상일 뿐이다."

  "모든 어려움에는 그 문제를 해결할 수 있는 방법이 있게 마련이다."

  "장애도 하나의 기회이다. 배우고, 성숙할 수 있는 기회이다. 이것은 희소식이다!"

  "산과 마주칠 때, 나는 결코 멈추지 않을 것이다! 그 산을 넘을 때까지 계속 싸우고, 길을 찾을 것이며, 지하 터널을 만들고, 다리를 만들 것이다."

승리의 높은 성과:

이것은 그 어떤 것보다도 인상 깊고 강력한 철학이다. 이것은 우리 시대의 가장 위대한 경쟁자 중 한 명이 했던 비판에 대한 생각을 표현한 것이다. 바로 미국 26대 대통령인 테오도어 루스벨트이다. 진정한 성공은 뭔가에 대한 근본적인 진실을 잘 보여준다. 이와 똑같은 철학이 인생의 모든 단계에 적용될 수 있다. 위대함을 추구하는 사람들에게 공통적인 생각의 끈은 당신이 잠시 실수했지만 최선을 다했다는 것을 마음속으로 알고 있으며, 언제나 노력하고, 노력하고, 또 노력하는 것이다. 하지만 승리를 이뤄냈을 때, 당신은 당신의 팀이나, 조직, 혹은 이 세상에 매우 특별한 공헌을 했음을 알 수 있을 것이다.

명예를 얻는 사람은 비판가가 아니다.
강자가 어떻게 쓰러졌는 지 지적하는 사람이나
행동 하는 이가 더 훌륭 히 해낼 수 있었다는 것을
지적하는 사람은 아니다.
명예로운 사람은 같은 분야에 있으면서
얼굴은 먼지와 땀과 피범벅이 되어 있고,
씩씩하게 싸우며, 계속 실수 하고, 부족 한 사람이다.
실수 와 부족 함이 없이는 노력도 없기 때문 이다.
위대한 헌신을 아는 자, 정말 가치 있는 명분 에 자신을
헌신하는 자, 그 끝 에는 기껏해야 승리의 높은
성취가 있음을 아는 자, 그리고 무모 하게 싸우고도
실패한다면 최악의 경우, 그 의 승리도, 패배도 알지 못 하
는 소심하고 냉정한 사람들 이 그 의 쉼터에
함께 하리라는 것을 아는 자.

– 테오도어 루스벨트

비판을 다루는 법에 대한 조언:

당신은 당신의 가는 길을 막으려는 사람에 대해 바람에 쓰러져 길 한가운데 누워 있는 나무에 대해 화내는 것보다 더 많이 화내서는 안 된다. 너무나 멍청해 그 사람의 기호 정도는 무시할만한 사람을 미워하는 만큼만 가십을 싫어하라. 가십을 좋아할 필요는 없다. 그런 것을 좋아하는 사람은 거의 없으며, 하찮은 것에 신경 쓸 필요가 없다. 가십이나 위선자나 비판가들을 악한 사람보다는 우를 범하는 사람으로 여겨라.

다음과 같은 얘기로 소문을 퍼뜨려라. "난 물론 저 사람을 좋아하죠." 이 말은 당사자의 귀에 들어가도록 되어 있고, 대개 그들은 이렇게 말할 것이다. "글쎄요, 저도 그 사람을 언제나 좋아하죠."

언제나 가십이 듣고 싶은 유혹은 산재한다. 하지만 기억하라. 당신이 소문 퍼뜨리기 좋아하는 사람의 얘기를 들으면 다음에는 그 소문 퍼뜨리기 좋아하는 사람이 자기 얘기를 들어줄 다른 사람에게 당신의 얘기를 하는 것을 듣게 될 것이다. 소문과 비판을 조심하라. 이런 것은 피하라. 그런 것은 당신의 주변에도 두지 말고, 당신에 대해 뭔가 캐내어 다른 사람들에게 소문을 퍼뜨릴 빌미를 주지 말라. 만약 당신이 소문을 꼭 내야겠다면 사람들의 좋은 점에 대해 얘기하라. 그러면 소문내기 좋아하는 사람들은 곧 당신의 얘기를 다른 사람에게 전할 것이고, 그렇게 되면 당신은 친구가 생기는 것이다! 소문내기 좋아하는 사람들이 나쁜 얘기가 아닌, 좋은 얘기를 퍼뜨리도록 하라. 소문은 당신이 말하는 것은 모두 포함한다는 것을 잊지 말라. 만약 비판가들의 입을 막고 싶다면 다음과 같이 얘기하라:
"나를 헐뜯는 것을 그만두지 않으면 당신에 대한 진실을 얘기하고 다니겠소!"

소매치기는 벌을 받지만 당신의 평판을 망치는 사람은 벌을 받지 않는다. 그러나 걱정 말라: 그들은 인과응보를 받게 될 것이다. 화재경보기 소리를 들으면 실제로 불이 났든 안 났든 간에 건물 밖으로 도망쳐라. 거짓 경보일 수도 있지만 진짜 불이 난 것처럼 행동하라. 비판가들은 그 얘기를 소문으로 퍼뜨릴 것이다. 나중에 비판가가 다른 사람에게 말하는 것을 본다면 그는 아마 당신 얘기를 하고 있을 것이다.

입을 크게 벌리고 있으면 파리가 들어가기 쉽다. 훌륭한 사람은 나쁜 생각을 입에 담지 않는다.

만약 다른 사람과 어려움이 있다면 그 사람에게 가서 당신의 견해차를 얘기하라. 사람들을 모아서 이미 사업을 이룩한 누군가를 화나게 하지 말라. 먼저 이해하려고 노력한 다음, 정말 이해하도록 하라. 교회나 조직, 팀, 기업을 무너뜨리려는 사람을 부끄럽게 여겨라. 이것만은 알아둬라. 당신은 잠시 명성을 얻을지 몰라도 나중에는 해가 될 것이다.

> **"당신의 생각, 언행은 형용 하기 어려울 만큼 얽혀 있다."**
>
> - 조지 월덴

평범한 사람이 되지 말라, 챔피언이 되라!

- 소문이나 시기심, 부정적인 생각을 피하라.
- 거짓된 관계를 피하라. 우정이 식었다고 느끼면 그것은 처음부터 우정이 아니었을 수도 있음을 기억하라. 진정한 친구는 다른 친구를 비판하지 않는다.
- 스스로의 자아를 통제하고, 다른 사람들이 스스로 중요하다고 느끼도록 하라.
- 비판가들은 당신이 중요하다고 여겼던 건전하지 못한 관계로부터 당신을 해방시켜 주지만 실제로는 당신의 사업이나 자신에게는 더 이상 도움이 되지 못 한다.
- 과거에 집착하지 말라; 과거는 한 줌의 재일뿐이다.
- 하루하루를 잘 보내면 평생 행복해질 수 있다.
- 당신의 직장 생활에서의 목표를 이루기 위해서는 강한 추진력이 있어야 한다.
- 좋은 말을 할 수 없다면 차라리 입을 다물라.
- 계속 매달려라.
- 당신의 마음속에 사랑스럽고 아름다운 생각을 간직하도록 의식적으로 노력하라.
- 당신의 마음속에 부정적인 생각이 들어올 수 없도록 하라. 항상 행복하라.
- 거절을 감정적으로 받아들이지 말라.
- 평균이란 최악의 최고이고, 최고의 최악이다. 평균에 머물지 말라!
- 과거는 다시 돌아올 수 없다; 미래는 불확실한 것이다. 그러니 행복감을 느끼고, 매 순간을 감사하며 살아가라.
- 비판가들에게는 지켜야 할 법규가 없다.
- 모든 사람의 승인을 받고 싶어 하는 것은 좋지만 모든 사람의 동의가 꼭 필요한 것은 아니다.

비판가들에게는 정해진 법규가 없다!

프리젠터의 약속

- 활동성은 곧 생산성으로 이어진다.
- 배려하는 사람이 되라.
- 예의바른 사람이 되라.
- 규율 있는 사람이 되라.
- 필요한 일을 하라.
- 약속을 지켜라.
- 재빠르게 행동하라.
- 진실을 말하라.